云中典藏

托克托博物馆馆藏文物精华

内蒙古自治区文物考古研究所
内蒙古博物院　托克托博物馆　编

文物出版社

图书在版编目（CIP）数据

云中典藏 ：托克托博物馆馆藏文物精华 / 内蒙古自治区文物考古研究所，内蒙古博物院，托克托博物馆编. -- 北京 ：文物出版社，2020.12
ISBN 978-7-5010-6896-8

Ⅰ.①云… Ⅱ.①内… ②内… ③托… Ⅲ.①博物馆－历史文物－托克托县－图录 Ⅳ. ①K872.264.2

中国版本图书馆CIP数据核字（2020）第232330号

云中典藏 托克托博物馆馆藏文物精华

编　　者：内蒙古自治区文物考古研究所
　　　　　内蒙古博物院
　　　　　托克托博物馆

责任编辑：李　飏
摄　　影：宋　朝
责任印制：陈　杰
责任校对：安艳娇

出版发行：文物出版社
社　　址：北京市东直门内北小街2号楼
网　　址：http：//www.wenwu.com
邮　　箱：web@wenwu.com
经　　销：新华书店
制版印刷：天津图文方嘉印刷有限公司
开　　本：889mm×1194mm　1/16
印　　张：19
版　　次：2020年12月第1版
印　　次：2020年12月第1次印刷
书　　号：ISBN 978-7-5010-6896-8
定　　价：360.00元

主　编

陈永志

副主编

石　磊　程鹏飞

资料整理与执笔

石　磊　程鹏飞　刘　燕

前言

巍巍阴山，滔滔黄河，塑造了得天独厚的土默川平原。托克托县就是坐落在黄河大几字弯北岸、土默川平原东南部的一颗璀璨明珠。

早在新石器时代，托克托地区就有仰韶文化海生不浪类型先民繁衍生息。夏商周时期，獯鬻、鬼方、猃狁、北狄等北方民族活动于此。战国晚期，赵国兼并林胡、楼烦等部族，扩边至阴山脚下。公元前307年，在黄河北岸托克托地区设置郡县，云中郡成为黄河大几字弯北端最早设立的郡一级实体行政建制。

秦汉、魏晋之际是中国历史上各民族走向大一统、大融合的重要阶段。秦王朝为了稳定边疆统治，在黄河沿岸设立四十四县，加强了对黄河沿岸的开发治理。西汉继续在托克托地区设置郡县，屯垦开发。东汉以来，南匈奴、鲜卑等游牧民族逐渐占据该地区，与汉民族交融发展。以云中古城为代表的城市遗址是这一历史时期各民族文化碰撞、融合、升华的实物见证。拓跋鲜卑依托云中地区建立代魏政权，北魏早期的“云中盛乐”“云中金陵”就在县境范围及周边临近地区。

隋唐王朝为了加强对北方边疆地带的控制，对突厥等部族实行羁縻政策，托克托地区遗留有唐代的东受降城等遗址。辽、金、元时期，曾在县境内设置东胜州和云内州等，上述城市成为草原丝绸之路上的重要交通节点，出土了大量珍贵文物，具有极强的代表性，在中国文明史上占有重要的历史地位。

明中期之后，阴山南麓托克托地区成为蒙古土默特部的驻牧地，明王朝册封俺答汗为顺义王。俺答汗吸引中原汉人到此开发农业，明蒙双方在长城沿线开展互市贸易，促进了彼此的友好交往。清代以来，托克托地区逐渐形成蒙、汉、满、回等多民族和谐聚居区，对于巩固和开发祖国北部边疆做出了较大贡献。

回溯历史，内蒙古托克托地区作为祖国的北部边疆，成为多民族交流、交往、交融的重要平台。加之黄河流域物华天宝、资阜丰裕，形成深厚的历史文化积淀，遗留下大量珍贵物质文化遗产。目前已初步查明托克托县境内有不可移动文物点109处，县博物馆馆藏文物2900余件/套，这些文化遗产都是黄河文化和中华民族历史的重要实物见证。

习近平总书记指出：“让收藏在博物馆里的文物、陈列在广阔大地上的遗产、书写在古籍里的文字都活起来。”“要深入挖掘黄河文化蕴含的时代价值，讲好‘黄河故事’，延续历史文脉，坚定文化自信，为实现中华民族伟大复兴的中国梦凝聚精神力量。”在新的历史条件下，为了充分发挥文物在坚定文化自信、铸牢中华民族共同体意识方面的重要作用，我们特将托克托博物馆馆藏文物精华和钱币精华进行整理并出版《云中典藏》《黄河资阜》两部图录，目的是为了弘扬博物馆藏品所具有的历史文化精神和当代价值，让文化遗产充分地“活”起来，为内蒙古自治区文化建设贡献一份力量。

内蒙古博物院院长 陈永志

云中故城遗址

托克托县历史文化遗产及博物馆馆藏文物概述

石磊　程鹏飞

托克托县位于内蒙古呼和浩特市西南部，北、东、南分别与土默特左旗、和林格尔县、清水河县毗邻，西与包头市土默特右旗接壤，西南与鄂尔多斯市准格尔旗隔黄河相望。县境地处土默川平原东南部，北望阴山，南濒黄河，东西扼守黄河上中游分界点黄金水道，南北沟通中原与漠北草原连接的丝绸之路，水陆交通便利。县域内气候适宜，土地肥沃，加之大黑河、什拉乌素等河流充沛的水量，使得该地区生业宜农宜牧，是中国北方地区黄河沿岸资源禀赋优越的重要城镇。

地质和古环境研究表明，黄河的二级台地——托克托台地形成于距今100万年以来。县城附近的郝家窑剖面和钻孔地层显示，托克托台地由下至上的堆积分别为中更新世离石黄土层、湖相沉积层、晚更新世马兰黄土层。其中马兰黄土层堆积厚达12米，其年代为距今12~4万年。研究者推测距今100万年以来，托克托台地的地质过程经历了两次大的环境转型事件，这对于黄河演化和后来的黄河文化、黄河文明的诞生具有重要意义。[①]

托克托县在晚更新世晚期河套盆地发现了大量化石动物群。其中大型哺乳动物包括诺氏古菱齿象、披毛犀和马鹿化石等在托克托县境内时有出土，个别动物骨骼化石收藏于托克托博物馆，年代相当于距今4~2.2万年。[②]上述这些动物群，应是旧石器时代晚期人类追逐狩猎的对象。

距今1.2万年以来，黄河沿岸台地的全新世黄土为新石器时代人群的生存繁衍提供了重要的物质基础。[③]大暖期的气候最适宜期，相当于仰韶文化早中期的中原地区先民溯南流黄河北上至内蒙古河套及阴山南北，形成该地区的第一次移民浪潮。[④]

早在20世纪二三十年代，中瑞联合考察团就曾征集到托克托地区出土的几件磨制石器，包括石铲4件，石斧2件，石锛、石凿各1件，有学

---

① 蒋复初、傅建利、王书兵、李朝柱：《内蒙古托克托湖相地层时代讨论》，《地质力学学报》2013年第1期；李建彪、冉勇康、郭文生：《河套盆地托克托台地湖湘层研究》，《第四纪研究》2005年第5期。
② 聂宗笙、李虹、马保起：《内蒙古河套盆地晚更新世晚期化石动物群》，《第四季研究》2008年第1期。
③ 韩建业：《全新世黄土：早期中国文明的物质基础》，《先秦考古研究：聚落形态、人地关系与早期中国》，文物出版社，2013年。
④ 许永杰：《史前河套平原的三次移民潮》，《中国边疆考古学术研讨会论文摘要》，成都，2005年。

者认为其年代可能为仰韶时期。[⑤]六七十年代，内蒙古大学历史系考古教研室、内蒙古历史研究所分别调查了内蒙古中南部南流黄河东岸的新石器时代遗存，在托克托县境内发现了海生不浪、章盖营子、碱池、皮条沟等数处新石器时代遗址。[⑥]2001年，内蒙古自治区文物考古研究所与托克托博物馆对耿庆沟上游支流西沟与南沟沟畔遗址进行了配合基本建设发掘，在多个地点发现红顶钵、重唇口小口尖底瓶等遗物，其文化内涵应属于仰韶文化早期的半坡类型和后岗一期类型以及仰韶文化中期的庙底沟类型。[⑦]此外，在黄河沿岸的大石窑遗址曾发现过典型的庙底沟类型圆点勾叶纹彩陶盆，现藏托克托博物馆。

仰韶文化晚期，托克托地区新石器时代文化继续繁荣发达，但与中原地区同期文化产生分野，催生出黄河文化的河套特色，即海生不浪类型。[⑧]

经过发掘的遗址包括海生不浪、后郝家窑等[⑨]遗址。其中前者经过两次科学发掘，分别是在1992年由北京大学考古系、[⑩]2014年由中山大学人类学系与内蒙古自治区文物考古研究所合作进行的。[⑪]两次发掘面积累计1000余平方米，发现地层堆积主要为仰韶时期海生不浪类型和朱开沟文化遗存。海生不浪类型遗存发现数十座半地穴式和地面式房址以及灰坑、窑址等。房址平面为圆角方形或长方形，保存较好者居住面用白碱土垫平，砸实，抹光，烧结，呈青灰色，光滑平整。地面居中设置前后两个圆形的灶，个别房屋也有室内窖穴，房屋建造得非常精致、考究。遗址出土了千余件陶器、石器、骨角器等标本。其中在博物馆展出有石磨盘、石磨棒、石斧、石铲、石刀、石环、彩陶盆、小口双耳罐、夹砂灰陶罐、鹿角凿、骨针筒以及大量的细石器等。海生不浪类型遗存的绝对年代距今约5500～5000年，居民生业主要以农业为主，兼营狩猎采集。海生不浪类型还显示出与西辽河流域的红山文化、阴山北麓的狩猎文化和甘青地区的马家窑文化保持着千丝万缕的联系。[⑫]托克托县相

---

⑤ 陈星灿:《内蒙古托克托县发现的几件磨制石器》,《考古》1991年第9期。

⑥ 内蒙古历史研究所:《内蒙古中南部黄河沿岸新石器时代遗址调查》,《考古》1965年第10期；吉发习:《内蒙古托克托县新石器时代遗址调查》,《考古》1978年第6期；田广金:《内蒙古中南部仰韶时代文化遗存研究》,《内蒙古中南部原始文化研究文集》，海洋出版社，1991年。

⑦ 内蒙古自治区文物考古研究所、托克托博物馆:《托克托县耿庆沟上游支流西沟与南沟沟畔遗址的调查与发掘》,《内蒙古文物考古文集》(第三辑)，科学出版社，2004年。

⑧ 魏坚、计红:《试论海生不浪类型》,《内蒙古文物考古》1995年第1期。

⑨ 内蒙古自治区文物考古研究所、托克托博物馆:《托克托县后郝家窑遗址》,《内蒙古文物考古文集》(第三辑)，科学出版社，2004年。

⑩ 北京大学考古系、内蒙古自治区文物考古研究所、呼和浩特市文物事业管理处:《内蒙古托克托县海生不浪遗址发掘报告》,《考古学研究》1997年。

⑪ 中山大学南中国海考古研究中心、内蒙古自治区文物考古研究所:《2014年内蒙古托克托县海生不浪遗址发掘简报》,《草原文物》2016年第1期。

⑫ 魏坚、常璐:《庙子沟文化与马家窑文化比较研究》,《边疆考古研究(第18辑)》，科学出版社，2015年。

关遗址的发掘，对于深化认识内蒙古中南部地区新石器时代至青铜时代考古学文化序列和谱系具有重要的学术意义。

龙山时代，在托克托以南的南流黄河峡谷两岸，发现了大量的石城遗址，但是托克托境内还少有典型龙山时期遗址被发掘。

距今4000年以来，中国北方地区进入青铜时代，随着气候的进一步干冷化，内蒙古中南部地区的朱开沟文化异军突起。托克托县海生不浪遗址的上层堆积，发现了少量朱开沟文化遗存的房屋、灰坑等，出土绳纹陶鬲和陶甗残片等典型器物。朱开沟文化遗存在黄河东岸地区的丰富性远远不如鄂尔多斯高原，该文化人群仍然主要从事农业，但发展出了畜牧业，为内蒙古中南部地区半农半牧的经济生业形态开历史之先河。

商至西周时期，托克托地区文化遗址相对较少。史料记载，该地区应为猃狁、北狄等部族的活动区域。直到东周时期，随着部分北方游牧人群南下，土默特平原周边的大青山南麓、蛮汗山和黄土丘陵区等地发现了大量游牧、半游牧人群的墓地，这些墓葬随葬欧亚草原地区流行的武器、装饰品等“北方系青铜器”，还伴出马、牛、羊等动物殉牲。托克托地区偶见青铜刀、鹤嘴斧、兜鍪、盔甲片、带具饰、箭镞以及松石串链等遗物，说明该地区也是游牧人的牧场苑囿。春秋中期，随着晋国势力的发展，汾河谷地人群和文化因素也北扩至黄土高原北缘、呼和浩特平原南部一带，邻近的和林格尔土城子地区曾出土了晋式陶鬲、“耳铸公剑”等。考古发现表明，这一时期的农耕与游牧人群在居址和墓葬方面偶有混杂，展现出了先秦时期该地区成为多民族交流、交往、交融的平台，为中华民族多元一体的形成奠定了重要基础。

战国时期，赵国势力继续北扩，北界范围达到了阴山脚下。有学者研究，早在赵武侯时期，就开始经略呼和浩特平原，版筑城邑，建造了云中城。[13]公元前307年，赵武灵王进行“胡服骑射”的变革，北破林胡、楼烦等游牧部族，沿阴山南麓修筑长城，由西向东设置了云中、雁门、代郡。其中云中郡城即为托克托县东北30余公里处的古城村古城。2001年，内蒙古自治区文物考古研究所与托克托县文物管理所对云中郡故城进行了科学发掘，发现了战国、汉代、代魏等几个时期的特点

---

⑬ 崔璿先生和托克托当地学者持第一种观点。主要依据是《水经注》所载:“《虞氏记》曰：赵武侯自五原河曲筑长城，东至阴山，又于河西造大城一箱，崩不就，乃改卜阴山河曲而祷焉，昼见群鹄游于云中，徘徊径日，见大光在其下，武侯曰:‘此为我乎’，乃即于其处筑城，今云中城是也。”从考古发现的大量战国时期货币及其他遗存情况来看，云中城的建城不晚于公元前四世纪末。

鲜明的文化遗存。其中战国文化层主要出土有粗绳纹陶釜、铜镞、瓦当、刀币等，年代为战国中晚期。[14]

公元前234年，秦将李信占领云中郡。公元前221年，秦始皇统一六国后，于全国实行郡县制，复置云中郡，成为三十六郡之一，并在河套沿线设置四十四县。云中郡下设两个县，分别为云中县和武泉县。经考古调查发掘得知，武泉县故址即为托克托县新营子镇黑水泉遗址。[15]该遗址出土了大量战国时期的刀币、布币以及秦半两、汉五铢等货币，其年代跨度历经战国、秦、汉时期。

西汉时期，因袭秦制，云中故城仍然为云中郡治所。这一时期，大量内地移民戍边，形成了托克托地区的第二次移民浪潮。《汉书·地理志》载："定襄、云中、五原，本戎狄也，颇有赵、齐、卫、楚之徒。"西汉时期云中郡的户数有38330户，人口达到173270人。郡下属十一县，分别为云中、咸阳、陶林、桢陵、犊和、沙陵、原阳、沙南、北舆、武泉、阳寿等县城。其中有五个县址在今县境内，云中县（即云中郡治所）、武泉县（黑水泉遗址）、阳寿县（哈拉板申村西城址）、桢陵县（章盖营村南城址）、沙陵县（哈拉板申村北城址）。[16]20世纪80年代以来，在云中故城西门外有过许多重要发现，出土了几批战国秦汉时期货币，[17]也发现过戳印汉隶风格"云中"二字的残陶器底。[18]

新莽改制，更云中郡为受降郡，下属诸县也都被改名。因王莽挠乱匈奴，始开边隙，致使边境祸构。曾经"边城晏闭，牛马布野，三世无犬吠之警，黎庶亡干戈之役"的景象不再，托克托地区作为边郡自然遭受很大冲击，经济凋敝，人口流失。

东汉时期，仍置云中郡，云中城的户数和人口较西汉时期大减，除了隐匿人口的情况外，这一时期，云中地区还安置了不少南匈奴降民，他们也不在人口统计范围之内。由于军事力量薄弱，东汉王朝对北方地区的郡县进行裁减合并。阴山以南的呼和浩特平原地区的云中诸县及原属定襄郡的成乐、武进县，包括定襄在内，皆属云中郡。

---

⑭ 内蒙古自治区文物考古研究所、托克托博物馆：《托克托县古城村古城遗址发掘报告》，《内蒙古文物考古文集》（第三辑），科学出版社，2004年。

⑮ 内蒙古自治区文物考古研究所、托克托博物馆：《托克托县黑水泉遗址发掘报告》，《内蒙古文物考古文集（第三辑）》，科学出版社，2004年。

⑯ 李逸友：《托克托城附近的秦汉代遗迹》，《呼和浩特文物》1991年第7期；张红星：《托克托县云中古城相关问题初探》，《内蒙古文物考古》2004年第2期。

⑰ 石俊贵、刘燕：《内蒙古托县云中古城出土战国货币》，《内蒙古金融研究》2003年S4期；王培义：《〈托县云中古城出土战国货币〉补记》，《内蒙古金融研究》2003年S4期。

⑱ 石俊贵：《托克托县发现"云中"戳印残陶》，《内蒙古文物考古》1991年第1期。

两汉时期，云中郡下属诸城址周围发现了大量当时的墓葬。墓葬的规模、形制不等，有竖穴土坑木椁墓、砖洞墓和砖室多室墓。就县境内来说，在古城村和哈拉板申村还留存着规模很大的封土堆，这些高大的封土堆虽然经历两千多年的风雨，还是高低不等地保留下来。早在1953年，云中故城西门外就发现了东汉时期的闵氏砖室墓，墓壁有多处“闵氏”榜题，这是内蒙古地区发现的第一座汉代砖室墓。⑲1965年在托克托县北9公里的五什家子公社忽拉圪乞村南约1公里处发掘出土汉代青铜盘、钫、熏炉各1件。⑳2000年，在黑水泉村南，发现东汉时期同冢异穴的2座砖室墓，因盗扰严重，出土少量陶器和玉剑璏等。㉑2005年5月，在托克托县古城村遗址南1.5公里处发掘清理3座汉代墓葬，出土了陶灶、陶盆等遗物。㉒此外，县境内还经常由于取土、平地、挖渠等生产活动偶然发现两汉时期墓葬遗存，前后出土了铜钫、铜锺、铜镜、铜车马等一批珍贵文物，现藏于县博物馆。汉代文物简约大方，雄浑沉稳，这些珍贵文物是中原王朝经略北部边疆，黄河流域文化发展的重要历史实物见证。

曹魏时期，曹操将云中、九原等郡居民迁于并州，设置新兴郡。“云中、西河之间，其地遂空”。拓跋鲜卑趁势占据了阴山以南地区。西晋永嘉四年（公元310年），封拓跋猗卢为代公；建兴三年（公元315年）又加封为代王，拓跋受封的区域包括云中一带。到拓跋什翼犍时期，定年号为建国，拓跋鲜卑设立了国家建制。建国三年（公元340年），从山西繁峙之北移都于云中之盛乐。嗣后，直到北魏迁都平城之前，云中盛乐一直是拓跋鲜卑非常重要的政治核心区域。代魏时期的统治者曾两次迁都云中城，前前后后累计有约50年时间，而这段时间正是拓跋鲜卑由代向魏，从发展走向繁荣强大的历史过程。2001年对云中故城城内居中位置的考古发掘，出土了大量代魏时期的陶器、瓦当等遗存。㉓其中莲纹瓦当和莲花化生瓦当显示出了云中地区的佛教信仰和较高的等级地位。㉔《魏书》中记载，北魏的皇陵即“云中之金陵”，亦建在云中城附近。近些年来，在云中城发现了很多北魏时期的建筑砖瓦和各种纹饰的瓦当。就目前所知，在北魏建筑的遗址上出土铜佛像5尊，石佛像2

⑲ 罗福颐：《内蒙古自治区托克托县新发现的汉墓壁画》，《文物参考资料》1956年第9期。
⑳ 盖山林：《内蒙古乌盟南部发现的青铜器和铜印》，《考古》1986年第2期。
㉑ 内蒙古自治区文物考古研究所、托克托博物馆：《托克托县黑水泉墓葬清理简报》，《内蒙古文物考古文集》（第三辑），科学出版社，2004年。
㉒ 内蒙古自治区文物考古研究所、托克托博物馆：《托克托县古城村墓葬发掘简报》，《内蒙古文物考古》2009年第2期。
㉓ 内蒙古自治区文物考古研究所、托克托博物馆：《托克托县古城村古城遗址发掘报告》，《内蒙古文物考古文集》（第三辑），科学出版社，2004年。
㉔ 王秀玲：《北魏莲花化生瓦当研究》，《文物世界》2009年第2期。

尊，有铭文的佛像 2 尊，其中“大代太和八年”释迦牟尼鎏金铜佛像就出在云中城居中的土台附近。[25]在北魏建筑的台基处，还出土了有莲花纹饰的玉饰牌和银饰牌。

魏晋北朝时期，在托克托地区还发现了数座鲜卑墓葬。20 世纪 50 年代，在皮条沟发现了 3 座鲜卑墓葬，出土了陶罐、石珠、铜镜等，其年代上限或可早至东汉晚期。[26]2014 年，于郝家窑山梁发现了 2 座鲜卑墓葬，出土青铜鍑、细颈陶壶和陶罐等遗物。[27]这些墓葬的发现，为研究托克托地区的鲜卑文化和当时的民族交融等问题提供了重要材料。[28]

隋开皇十八年（公元 598 年），县境汉代之阳寿县（今哈拉板申村西之古城遗址）改名金河县。唐天宝四年（公元 745 年）金河县徙治今和林县境。唐景龙三年（公元 709 年），朔方大总管张仁愿在黄河北岸筑东、中、西三受降城，东受降城在今县境中滩乡蒲滩拐村的山梁上（当地人称石基城），城内出土了典型的唐代遗物。县博物馆征集到的出土于鄂尔多斯市准格尔旗十二连城遗址（唐胜州）附近的唐代白休徵墓志，为东受降城的位置提供了重要线索。[29]隋唐时代，托克托一带地区是安置突厥降民的重要地区。近几十年来，在大荒城（辽金元东胜州城）外围发现了数座唐代墓葬，墓葬内出土了铜镜、龙纹铜带銙、陶魂塔、青瓷注子等。县境也偶见一人一马葬式的墓葬，这是典型的突厥文化葬俗。值得注意的是，县博物馆收藏的鎏金铜带銙，其中一件也带有显著的突厥文化因素风格，显示了当时该地区的文化交流情况，与历史记载相吻合。

辽、金时期，在其西部边境地区设置云内、东胜和丰州三个州府，称“西三州”。其中云内州（古城乡白塔村）[30]、东胜州（大荒城）在托克托县境内，其行政建制一直延续到元代。在两个州府的城内外出土了大量的辽、金、元时期的珍贵文物，[31]包括大量瓷器、钱币等。并在两城址外围发现了很多当时的墓葬。[32]此外，在县境内还发现了多处辽、金、元时期的村落遗址，如伍什家乡的陈俊营村，永胜域乡的一间房村，乃只盖乡的祝乐沁村和一间房村，五申镇的陈滩营村和伞盖村等村

㉕ 程永魁：《托克托县鎏金铜迦佛像浅释》，《内蒙古文物考古》1994 年第 2 期。
㉖ 全学山：《内蒙古托克托县皮条沟发现三座鲜卑墓》，《考古》1991 年第 5 期。
㉗ 托克托博物馆：《呼和浩特托克托县郝家窑鲜卑墓葬的清理》，《草原文物》2014 年第 2 期。
㉘ 卜扬武、程玺：《呼和浩特地区鲜卑墓所反映的社会问题》，《内蒙古文物考古》1991 年第 1 期。
㉙ 石俊贵、刘燕：《准格尔旗十二连城出土的唐代墓志与东受降城的地望》，《内蒙古文物考古文集》（第三辑），科学出版社，2004 年。
㉚ 张郁：《呼和浩特西白塔古城》，《内蒙古文物考古》1984 年。
㉛ 丁勇：《托克托县出土一方金代官印》，《内蒙古文物考古》1992 年Z1 期；韩大明：《托克托县西白塔古城出土瓷器》，《内蒙古文物考古》1994 年第 2 期。
㉜ 闫建春、石俊贵：《托克托县发现金代买地合同分券》，《内蒙古文物考古》1998 年第 1 期。

落遗址。在黄河岸边的山梁前沿台地还有两座辽、金时期的城址，一座是燕山营乡碱池村的辽代古城，另一座是双河镇后双墙村的二道脑包金代古城，这两座古城应是设在黄河岸边的军事性建筑。

明初，朱元璋在北方长城地带设立了329座卫城，托克托县境内有两座。一座是新营子镇黑城村，称镇虏卫，当地人称黑城。另一座是东胜卫，即今之东沙岗城圐圙。镇虏卫和东胜卫军事意味浓厚，城址行政建制和设立时间都不太长，所以明代文物出土较少，但两座城址都出土过明代铜火铳。1971年，黑城古城的南墙内，发现四尊明初的铜火铳，其中三尊有纪年、铸造机构、工匠、重量的铭文。[33]东胜卫城出土的数尊铜火铳的年代也集中在洪武十年（公元1377年）至洪武十二年（公元1379年）。[34]东胜卫城内还出土过明代初期的铁壳地雷二十余枚以及明代早期货币。

明嘉靖年间，阿拉坦汗驻牧丰州滩，县境地区并入土默特部。隆庆五年（公元1571年），明王朝封阿拉坦汗为顺义王，封脱脱（阿拉坦汗义子恰台吉，名脱脱或妥妥）为百户长。土默特部与明王朝多次在边界开设马市榷场，加强了与中原地区的政治和经济联系。不少汉民前来土默川从事农业、手工业和商业。县境所在地区逐渐形成了以农业为生业的汉族聚居村落，再一次出现了农牧交错的和谐景象，促进了蒙汉之间的经济、文化交流、交往、交融。恰台吉驻牧东胜卫城期间，协助顺义王解决了许多重大问题，名声大震。这一带百姓为纪念他，将东胜卫城称为“脱脱城”，或曰“妥妥城”，人与城齐名，流传至今。东胜卫城周长约8827米，现存城墙高度仍有十余米，墙体陡立，保存完好，是托县境内重要的文化遗产和文旅融合新地标。

明崇祯九年（公元1636年），漠南蒙古十六部拥戴皇太极称帝。皇太极定国号为大清，建元崇德，是为清太宗。1644年，清廷集丰州、云内州、东胜州、净州之地归土默特两翼旗，隶于山西布政使，托克托地区即在其内。清康熙四十三年（公元1704年）及其后，土默特地区数次放垦，内地晋陕移民纷赴口外垦殖、经商，逐渐形成了托克托地区历史上的第三次移民浪潮。雍正八年（公元1730年），“蒙汉分治，旗县并存”的格局基本定型。乾隆以后，先后在召湾、托城、河口等地建立了规模宏大的庙宇和寺院，现存河口的两根铸铁蟠龙旗杆珍贵文物就是曾经的龙王庙

---

[33] 崔璿:《内蒙古发现的明初铜火铳》,《文物》1973年第11期；崔树华:《内蒙古出土铜火铳概述》,《内蒙古社会科学（文史哲版）》1996年第6期。

[34] 李逸友:《内蒙古托克托城的考古发现》,《内蒙古文史资料》续辑。

门前遗存。光绪二十八年（公元1902年），清廷推行“移民实边”政策，继续丈放土地，托克托县境内农牧业经济繁荣，加之黄河沿岸的水陆码头交通优势，托克托县境内商贸发达，蒙、汉、回、满等各民族在经济交往、文化交流中，团结和睦，守望互助，促进了经济发展和社会进步，基本形成了近于当前的现状格局，为筑牢中华民族共同体意识奠定了坚实基础。

图版

图版目录

新石器时代
（约公元前 1 万年～前 2000 年）

春秋战国时期
（公元前 770 ～前 221 年）

两汉时期
（公元前 206 ～公元 220 年）

十六国北魏时期
(公元 317 ~ 534 年)

隋唐时期
(公元 581 ~ 907 年)

辽、西夏、金、元时期
(公元 916 ~ 1368 年)

明清时期
(公元 1368 ~ 1911 年)

新石器时代

（约公元前 *1* 万年～前 *2000* 年）

石斧

新石器时代
长 16、刃端最宽 7、最厚 3.2 厘米
托克托县中滩乡山梁采集

青石质，呈长梯形。刃部磨光，居中部有崩疤。

新石器时代
长 9.1、宽 4.2、厚 0.5 厘米
托克托县中滩乡山梁采集

近长方形，刀背略弧，偏上并排对钻双孔。
刃部有使用痕迹，中部磨损尤甚。

石铲

新石器时代
长 25.5、近刃端最宽 15.5、厚 2 厘米
托克托县中滩乡山梁采集

石质为黄河石，通体磨光，器身可见暗红色斜向条纹。中部偏上有亚腰形凹口，刃部有崩疤。

石锄形器

新石器时代
长 18、宽 9、厚 2.1 厘米
托克托县中滩乡山梁采集

整体似锄形，上宽下窄，通体磨光。顶部有两处对称分布的凹口，刃部有使用痕迹，居中位置形成大面积崩疤。

石磨盘、石磨棒

新石器时代
磨盘长 30、宽 26、厚 3.5 厘米
磨棒长 34、直径 5 厘米
托克托县中滩乡山梁采集

砂岩质。磨盘扁平，平面呈椭圆形，一端近圆弧状，另一端残缺，表面有磨碾痕迹。磨棒呈圆柱形，表面较粗糙，有使用痕迹。

穿孔石器

新石器时代
长 19.5、最宽 10.5、厚 5.7、孔径 4.5 厘米
托克托县中滩乡山梁采集

呈倒水滴形，偏上部居中有一圆形钻孔。下部较尖锐，有使用痕迹。

石环

新石器时代
外径 9.7、内径 5.7、最厚 0.9 厘米
托克托县海生不浪遗址出土

青黑色花岗岩石质，初步打磨。出土时断裂为两段，截面呈楔形。

细石器

新石器时代
石叶最大件长 3.7、宽 0.9 厘米
石镞最大件长 5、宽 3 厘米
石核最大件长 3.7、宽 1.6 厘米
托克托县中滩乡山梁采集

28 件。包括细石核、细石叶及石镞等。细石叶由细石核上剥离所得，可以制作复合工具的石刃。石镞为狩猎工具或武器。

石核

石镞

石叶

骨角器

新石器时代
鹿角凿长 14.8 厘米
骨针筒长 11.7 厘米
骨簪长 11 厘米
骨锥长 14.8 厘米
托克托县中滩乡山梁采集

鹿角凿，软锤，为制作细石器的工具。

鹿角凿

骨针筒

骨簪

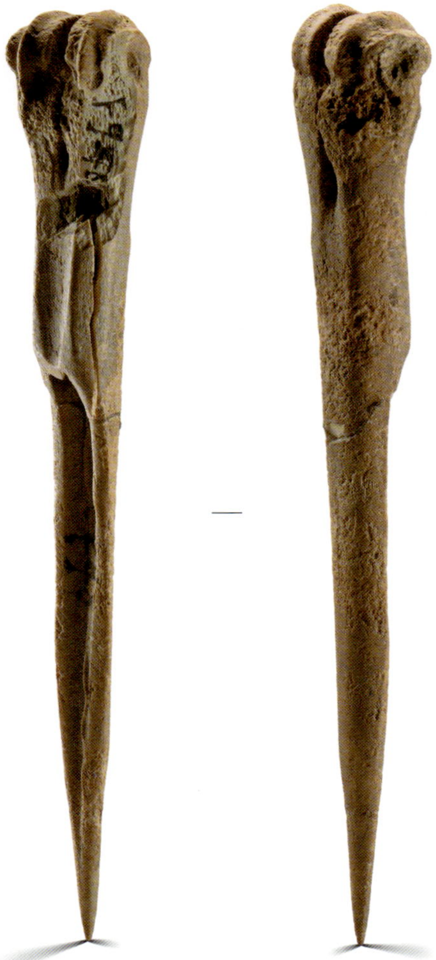

骨锥

小口双耳罐

新石器时代
高 35.5、口径 10.5、腹径 38、底径 17 厘米
托克托县海生不浪遗址出土

泥质灰陶。小口，长溜肩，中腹鼓，两侧对称有桥形耳，小平底。

夹砂灰陶罐

新石器时代
高 19、口径 18、腹径 19.2、底径 9 厘米
托克托县海生不浪遗址出土

夹砂灰陶质。折沿，鼓腹，平底。器表有烟炱痕。

彩陶片

新石器时代
最大片长 21、宽 8.5 厘米
最小片长 6.5、宽 6.2 厘米
托克托县海生不浪遗址出土

13 件。以小口双耳罐、彩陶盆等口沿、器壁为主。纹饰为黑、褐、红色等，主要有网格纹、菱格纹、波浪纹、三角纹等。

春秋战国时期

（公元前 770 ~ 前 221 年）

石串链

战国时期
最大绿松石长 2.6、宽 2.1、厚 0.6 厘米
托克托县中滩乡山梁采集

23 颗。由绿松石、小石块和石管穿系组成。

铜锥

战国时期
长 15.3、铃首直径 1.8 厘米
托克托县黑城乡圐圙图村出土

锥帽为蘑菇形铃首，锥体上部呈圆柱形，下部为四棱锥体，尖部锐利。

青铜空首斧

战国
长 9.6、宽 6.3、厚 3.5 厘米
托克托县黑城乡囫圇图村出土

器身较厚重。上端有长方形空首銎，可以安柄。刃薄尖锐，中部凹缺，为使用时遗留的痕迹。

鹤嘴斧

战国时期
长 18.5、孔径 2、斧头宽 2 厘米
托克托县黑城乡圐圙图村出土

中部有圆形銎孔，一端稍尖，似鹤嘴；另一端为斧形。

环首刀

战国时期
长 16.8、最宽 2、厚 0.6、环首直径 1.8 厘米
托克托县黑城乡圐圙图村出土

环首，略弧背，刀尖部残缺。刀柄饰菱形纹。
刃部较锋利。

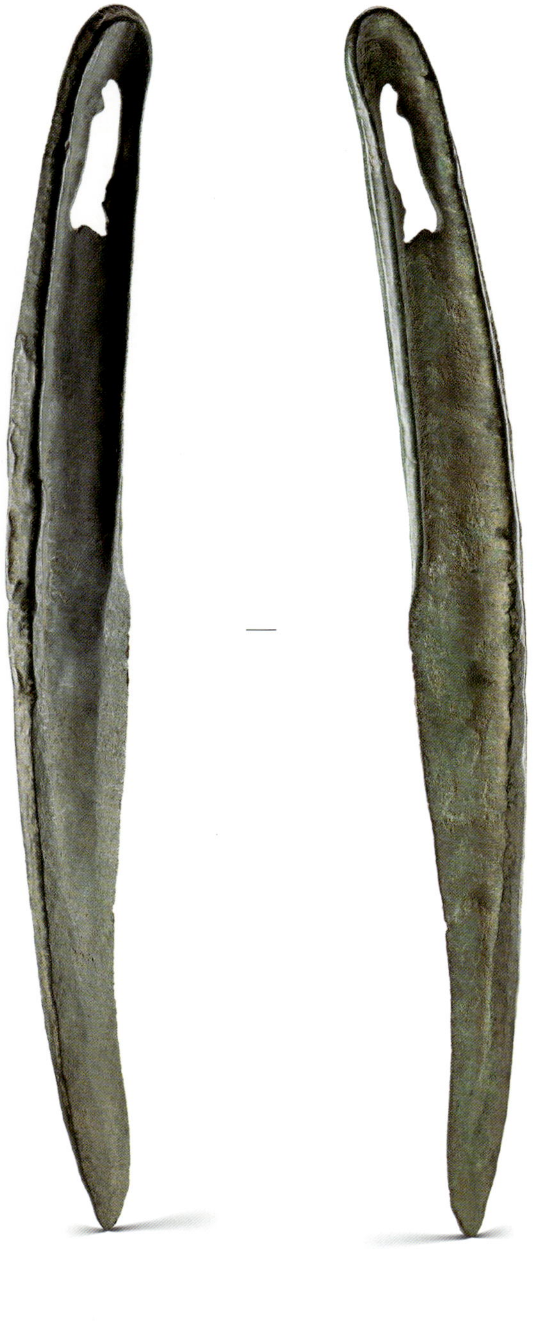

弧背刀

战国时期
长 17、最宽 2、厚 0.6 厘米
托克托县黑城乡圐圙图村出土

弧背直刃，柄端有不规则形穿孔，周缘有凸棱。刃部略凸出刀柄，有使用形成的凹缺。

直背刀

战国时期
长 19.5、宽 1.6、厚 0.4 厘米
托克托县黑城乡圐圙图村出土

刀柄与刀身浑然一体，直背直刃。柄端有水滴形穿孔，柄与刃过渡处略弧，刀尖略显圆钝。

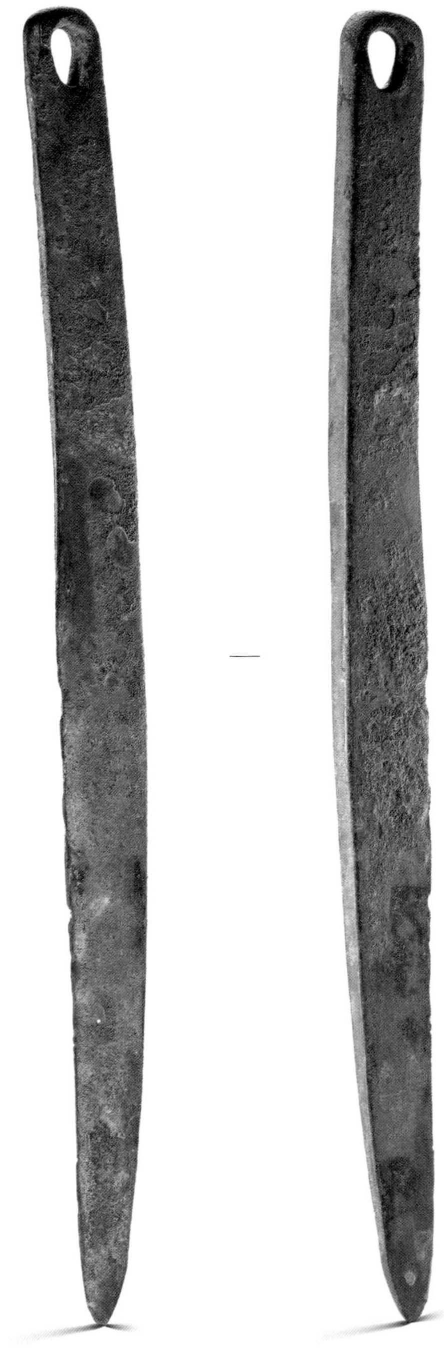

青铜胄

战国时期
通高 22.5、前后宽 23、左右宽 20 厘米，重 2350 克
托克托县东胜州故城出土

周边有廓，顶端中心竖立桥形纽，前后有对称的弧形开口，两侧护耳下方有近圆形穿系小孔。

青铜甲片

战国时期
最大甲片长 13、最宽 5.8 厘米
最小甲片长 5.1、最宽 2.7 厘米
托克托县征集

16 件。甲片平面呈菱形，纵长起凸棱。背面横穿一根细铜棍，起到与甲衣固定之用。

背面

青铜带饰

春秋战国时期
联珠形带饰最大件长 5、宽 1.6 厘米
鸟形带扣长 6.2、宽 4.5 厘米
云形带饰长 4.3、宽 2.2 厘米
鸟首形带饰长 2.9、宽 2 厘米
鹿形带饰长 3.5、宽 2.6 厘米
托克托县黑城乡圐圙图村出土

14 件，主要为北方早期游牧民族腰带饰件，包括鸟形带扣、各类联珠形带饰、鸟首形带饰、云形带饰、鹿形带饰。

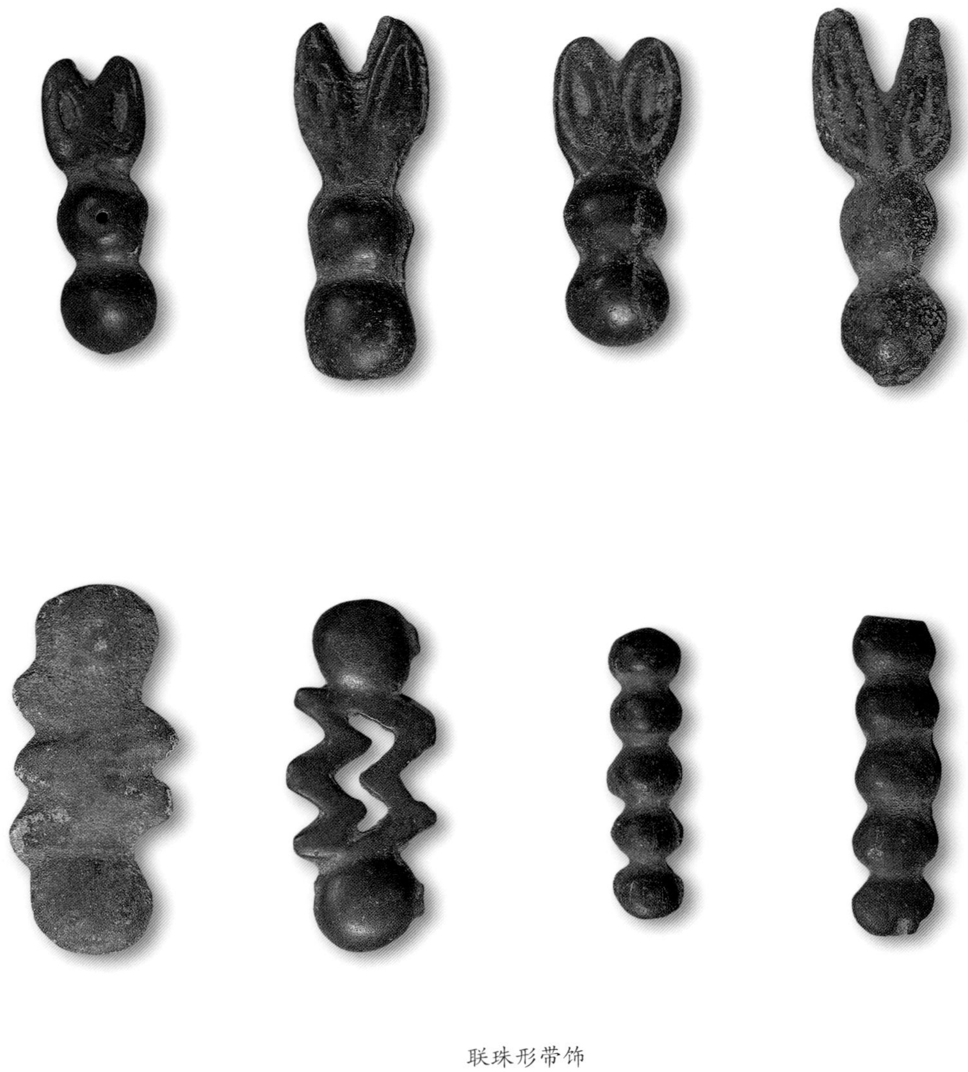

联珠形带饰

鸟形带扣

云形带饰

鸟首形带饰

鹿形带饰

青铜配饰

战国时期
十字形节约长 3.3、宽 3.3 厘米
托克托县征集

青铜配饰一件套。由十字形节约、扣饰、串珠、环、铎、铃、镜形饰和管状饰组成，为中国北方长城地带早期游牧民族较为流行的配饰。

铜箭镞

战国时期
长 2.4 ～ 14.2、宽 1.7 ～ 2 厘米
托克托县征集

14 件。箭头多为三翼形、双翼形。部分箭镞有圆形銎孔。部分箭头后部带铤，铤有长有短，有圆有扁，形制各异。

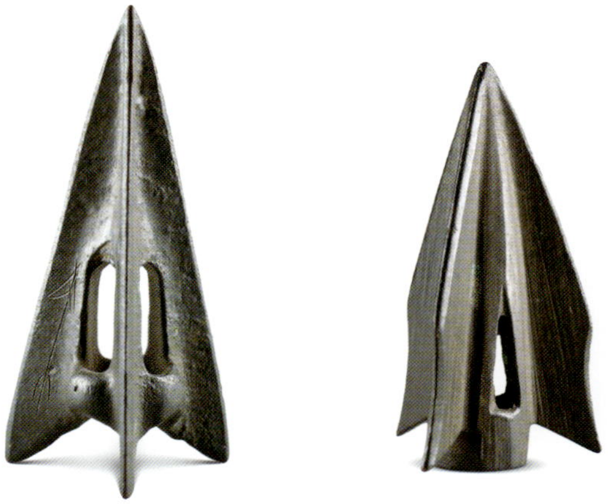

两汉时期

（公元前206 ~公元220年）

日晷

汉
边长 27.5、厚 3.5 厘米
清光绪二十三年（公元 1897 年）托克托城出土
原件现藏中国国家博物馆，此为复制品

大理石质。一面雕刻图案，另一面为素面，图案精细复杂。中央为一圆形不透孔，以圆孔为中心，刻划大、小两个圆周，两圆之间刻有 69 条辐射线，辐射线的夹角角度相等。辐射线和外圆的交点上钻有小孔，外圆之外有一大圆弧与外圆基本平行，之间刻有一至六十九的数字，分别与六十九条线一一对应。这是中国现存最早的日晷，为研究古代计时仪器的发展提供了重要资料。

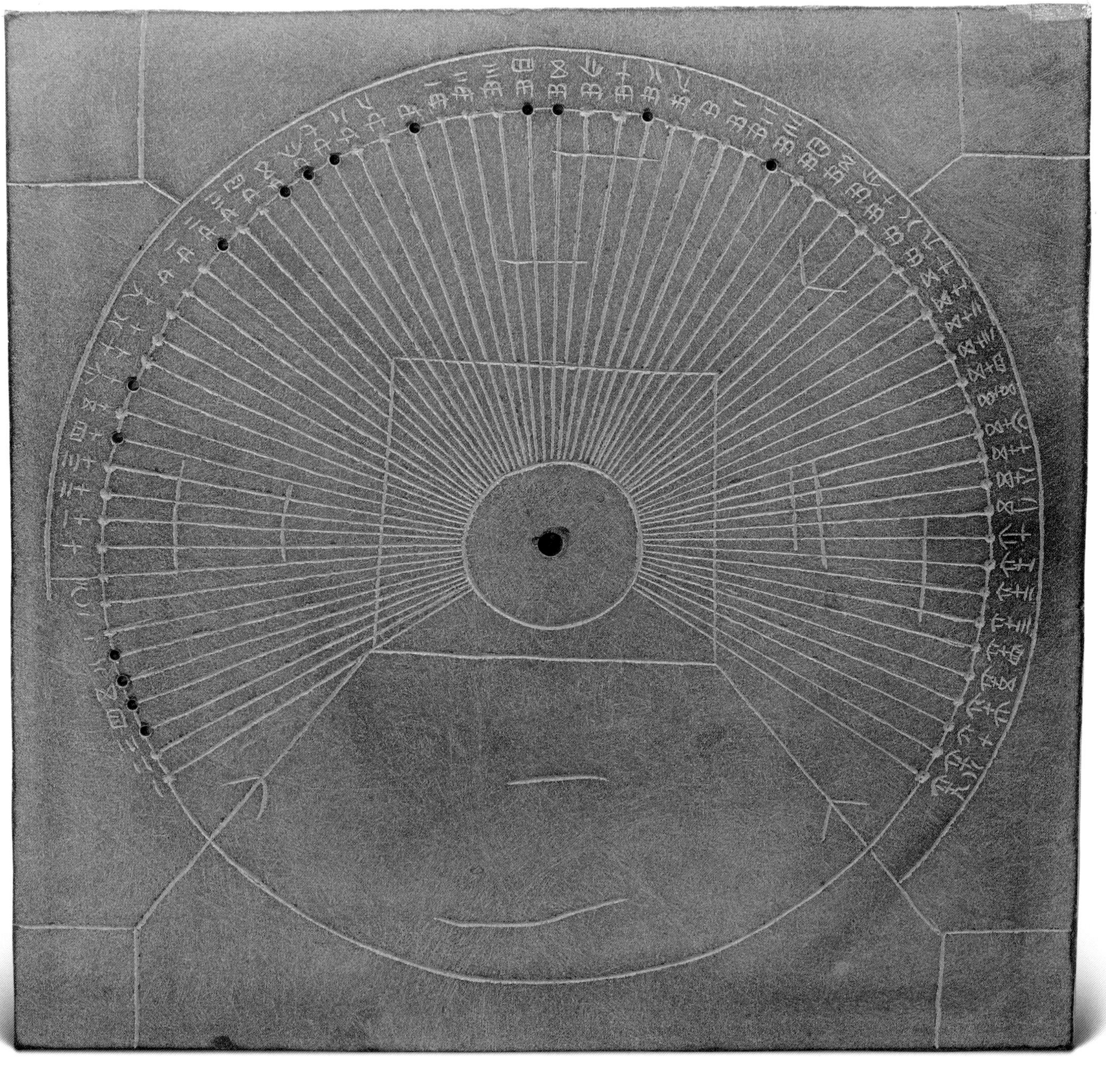

卷云纹瓦当

汉
直径 18 厘米
托克托县黑水泉村古城出土

圆形，边轮高出当面。当面以单环线划分内外区，内区中心饰圆形乳突；外区以四组双线为界分为四格，每格内饰一蘑菇形云纹。

“千秋万岁”瓦当

汉
直径 16 厘米
托克托县云中故城出土

圆形，边轮较宽，上部边轮残。当面以单环线划分为内外区，内区当心饰乳突；外区以双线为界分为四格，每格内布一字，为“千秋万岁”四字，篆书，自右至左上下读。当面涂朱。

云气纹瓦当

汉
直径 14.5 厘米
托克托县云中故城东南汉墓出土

圆形，边轮高于当面。当面以单环线划分内外区，内区中心饰圆形乳突，周围饰云瓣纹；外区以四组三界栏将当面分为四格，每格内饰一变体云气纹。当面涂朱。

凤鸟纹瓦当

汉
直径 17 厘米
托克托县云中故城出土

圆形，边轮高于当面，较窄。当面饰展翅凤鸟，凤鸟外接一周弦纹，弦纹与边轮间饰一周锯齿纹。

“云中”残陶器底

汉

残长 10.5、最宽 9.1、底径 6.7 厘米

托克托县云中故城西门外约 50 米处地表采集

泥质灰陶罐器底，底部偏左戳印“云中”二字。

铜钫

汉
高 21.5、口沿边长 7.5、腹最宽 12.3、底边长 8.4 厘米
托克托县哈拉板申村汉墓出土

两件。方形口，四棱溜肩，方腹外鼓，圈足略外侈。腹部铸对称铺首衔环一对，两个铜钫的底部各铸一个“八”字符号。铜钫为古代酒器，圆者谓锺，方者谓钫。清代端方著《陶斋吉金录》六：“汉元始铜钫著录汉钫有七器，其铭或容六升或容四升”。这两个铜钫的容积应为八升。

带盖铜钫

汉

通高 20、口沿边长 6.7、腹最宽 10.5、底边长 7.3 厘米

托克托县双河镇南梁汉墓出土

两件。盖与器身以子母口相扣合。盝顶形盖，子口，顶端有桥形纽。器身方口，溜肩，腹部外鼓，圈足外撇，上腹部铸对称铺首，衔环缺失。

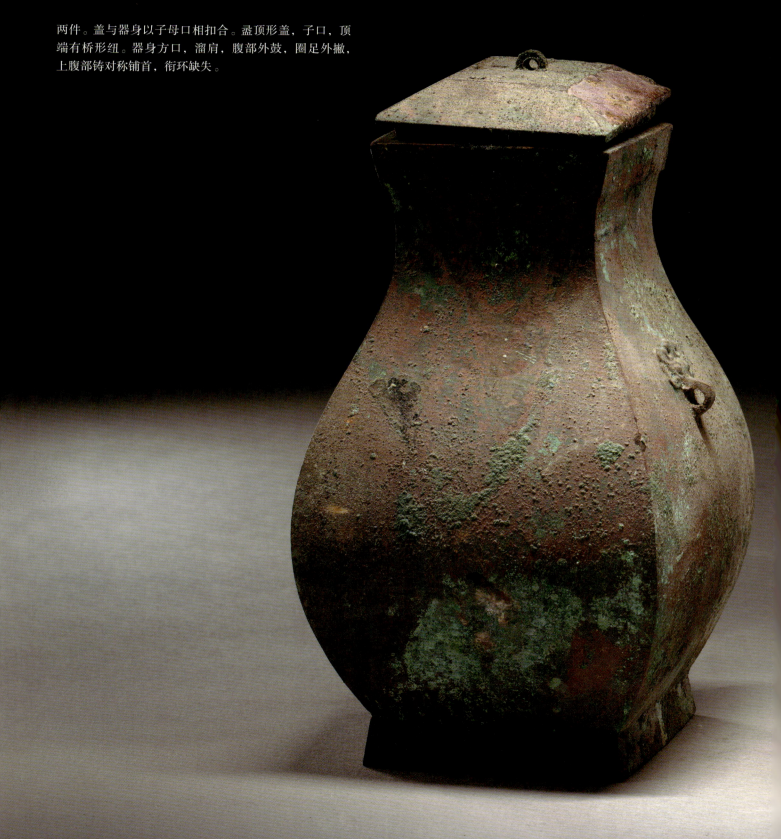

铜钫

汉

高 34.5、口沿边长 11、腹最宽 19.7、底边长 12 厘米

托克托县山梁前沿汉墓出土

方口，四棱溜肩，方腹外鼓，圈足略外侈。上腹部对称饰有一对铺首衔环。

铜锺

汉
高 17.6、口径 7.8、腹径 16、底径 9.3 厘米
托克托县双河镇南梁头道脑包汉墓出土

口微侈，高颈，溜肩，圆鼓腹，圈足较矮。口沿、肩、下腹各饰一道凸起的宽带。两肩铸对称铺首一对，衔环缺失。

铜锺

汉
高 35.1、口径 13.8、腹径 27、底径 17.3 厘米
托克托县哈拉板申村汉墓出土

侈口，高颈，溜肩，球腹，圈足较高。口沿、肩、上腹、下腹各饰一道凸起的宽带。两肩对称铺首衔环一对。

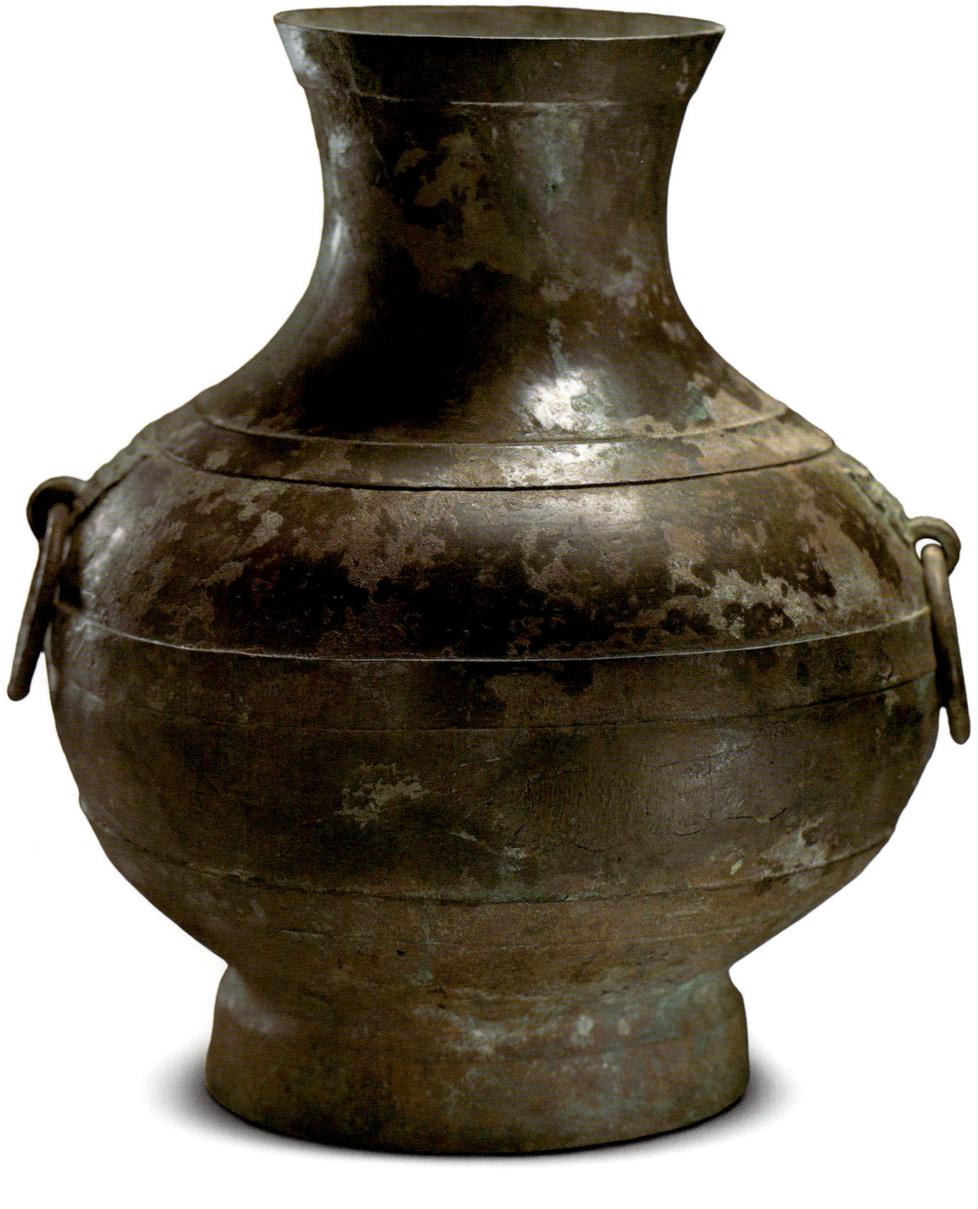

铜鼎

汉
通高 15.1、口径 14.5、腹径 17.8 厘米
托克托县双河镇南梁头道脑包汉墓出土

盖与鼎身以子母口相扣合。穹顶盖，子口，盖顶焊接对角三马首纽。鼎身腹部饰一周凸棱，圜底，三蹄足，近口沿饰一对方形竖耳。

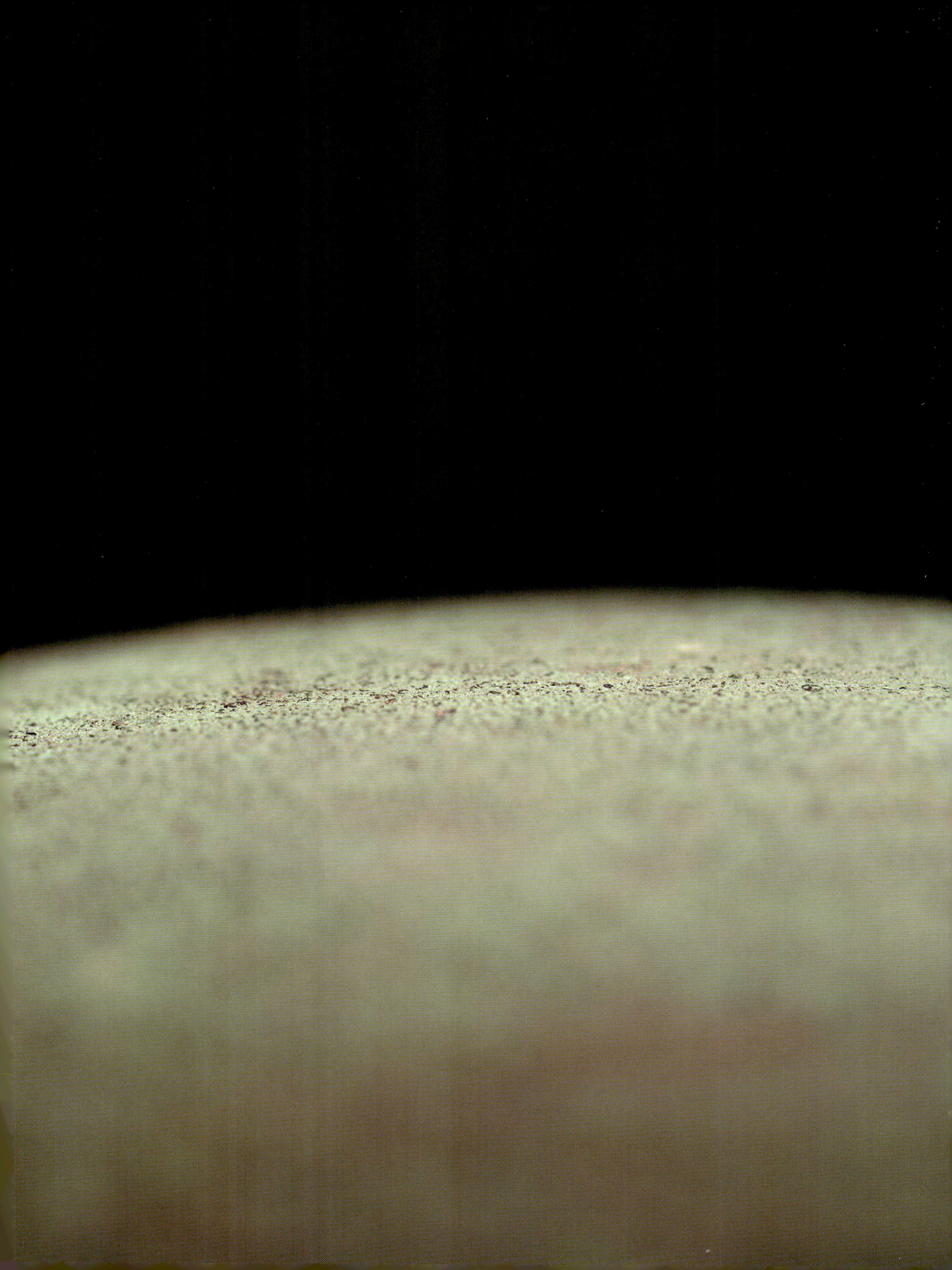

铜鉴

汉

高 11.5、口径 27.5、底径 13 厘米

托克托县哈拉板申村汉墓出土

敞口，斜弧腹，平底。上腹部饰三匝弦纹，于弦纹上焊铸对称铺首一对，衔环缺失。腹部弦纹之下竖行镌刻“杨厨记”三个篆体字。

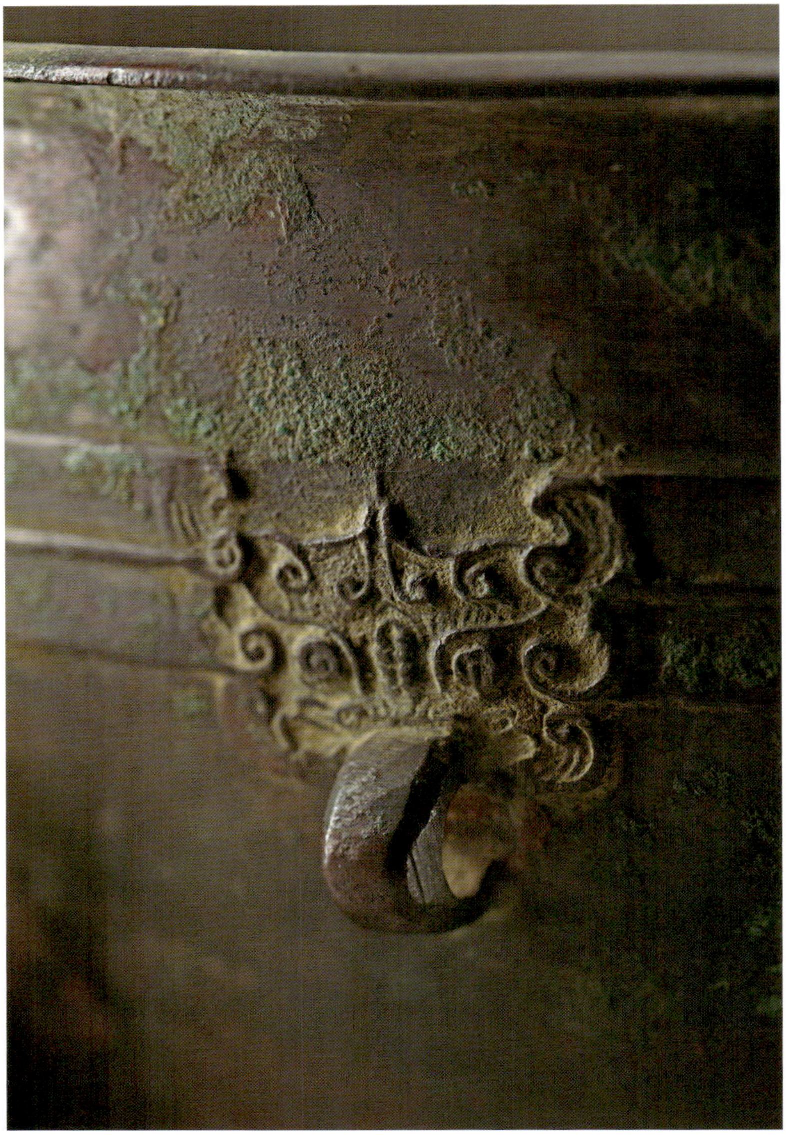

铜甗

汉
通高 19.4 厘米
盆高 13.7、口径 27、底径 13.8 厘米
釜口径 12.5 厘米
托克托县哈拉板申村汉墓出土

由盆、釜套合组成。其上甑缺失。盆平沿，折腹，平底。球形釜套于盆中，小直口。在盆、釜上各饰对称铺首衔环，釜上衔环缺失。

铜手炉

汉

通高 15、通长 24、口径 12、腹径 14 厘米

托克托县双河镇南梁汉墓出土

由盖、炉身和炉柄三部分组成。炉盖较薄，穹顶，盖上图案由四组镂空“火”字纹组成。炉身腹部饰凸棱纹一匝，凸棱纹上铸接有屈曲手柄，圜底，底部有三蹄足。出土时炉内还残存木炭。

铜博山炉

汉
通高 10、炉径 6.5、盘径 17 厘米
托克托县哈拉板申村汉墓出土

由盖、炉身、底盘组成，盖与炉身以子母口相扣合。炉盖子口，呈穹顶形，镂空饰云气纹。炉身呈卵圆形，倒喇叭形座，铸接于底盘正中。底盘浅折平底，简素无纹。盖口与炉身有双重刻线记号，上下刻线对准，逆时针旋转，便将盖扣紧；顺时针旋转，炉盖松动，即可取下。

四神染炉、染杯

汉
染炉通高 9、通长 23、宽 8 厘米
染杯高 2.8、长 12、宽 7.9 厘米
托克托县哈拉板申村汉墓出土

青铜质，由染炉和染杯组成。染炉由承灰盘、炉座、炉身、炉盘、手柄分别铸造焊接而成。炉口平面呈椭圆形，直壁，沿口有对称分布四个方形支钉。炉身坐于长方斗形炉座上，周边镂出青龙、白虎、朱雀、玄武“四神”。炉座支脚造型为四个力士，半蹲于椭圆形承灰盘上。在炉座侧面焊接有屈曲长柄。染杯即舟形耳杯。染炉与染杯是一种贵族使用的小型“火锅”食具。

铜车马

汉

高 27、通长 35、宽 25 厘米，车厢边长 14 厘米

托克托县云中郡故城汉墓出土

两件套。残，为修复品。青铜质。马残存四腿。轺车，车衡与双辕连铸一体，车厢居中立有伞盖。

鎏金铺首衔环

汉
通长 7、宽 5、环径 4 厘米
托克托县云中故城出土

四件。铜鎏金。铺首为一眦目卷鬣的兽面纹，口衔圆环。

虎形铜镇

汉
高 4.7、直径 6.5 厘米
托克托县双河镇南梁头道脑包汉墓出土

四件。青铜质。博山状，山中隐藏一老虎。中空，内中还留有范泥。

云中丞印

汉

通高1.4、边长2.4、厚0.5厘米

托克托县哈拉板申村沙陵故城附近出土

正方形，龟纽。印文为“云中丞印”四个篆字，阴文，无边框。印文分上下两行，从右至左排列。

铜行灯

汉
高 14、盘直径 8.9、底径 7.5 厘米
托克托县哈拉板申村汉墓出土

由盘、柱、底座组成。盘内居中有一铜灯芯，沿处衔接屈曲手柄。灯柱中节略鼓凸，底座铸有飞仙图案。

铜灯

汉
高 22、盘直径 12.5、底径 9.8 厘米
托克托县云中故城汉墓出土

由灯盘、灯柱、底座组成。灯盘、底座简素无纹，灯柱中节略鼓，其下饰三匝凸棱纹。

尚方四神博局镜

汉
直径 18 厘米
托克托县征集

中心为圆纽，圆纽外双线方框内为十二枚小乳钉纹间以十二地支，方框外八枚四叶座乳钉纹与规矩纹将内区分为四方八区，内饰四神、四灵纹饰。两环线间有隶书铭文：“尚方作镜真大巧，上有仙人不知老，渴饮玉泉饥食枣，浮游天下遨四海，故事而金石天之保兮，宝贵昌。”近边缘饰一周短线纹圈带、一周锯齿纹、一周云气纹。

日光草叶纹镜

汉
直径 10 厘米
托克托县征集

圆纽，四叶纽座。座外一细线小方格和凹面大方格，方格内铭文“见日之光，天下大明”。四乳钉两侧各有一对称单层草叶纹，四角花叶为一苞二叶纹，边缘为内向十六连弧纹。

日月昭明连弧纹镜

汉
直径 10.5 厘米
托克托县征集

圆纽，圆纽座，素宽缘。纽座外饰一周凸弦纹及一周内向八连弧纹带，内有清晰的线条纹。两周栉齿纹之间有铭文：“内而清而以昭而明光而象夫日之心而不泄”。

弩机

汉
长 12、宽 7.9 厘米
托克托县哈拉板申村出土

青铜质。主要由五个部件构成，望山、悬刀、牛和两个栓。望山主要用于瞄准，牙与望山合铸一体，用于勾弦；悬刀为扳机；牛也称钩心，连动悬刀和牙；两个栓为装配机件。

十六国北魏时期

（公元317～534年）

石佛造像

北魏

高 11.2、宽 9.3、厚 3 厘米

托克托县云中故城出土

造像碑用“减地平”手法雕刻。石造像额呈圆弧桃形，正中雕刻一佛龛。释迦牟尼佛结跏趺坐于较矮的长方形须弥座上，袒右肩，束腰，有褶纹。高肉髻，面部丰满，作微笑状，和蔼可亲，头部后面有莲叶圆顶光，其后为背光。龛楣上使用了阴线浅浮雕，刻火焰纹图案。

二佛并坐石造像

北魏
高15、宽9.4、厚4厘米
托克托县云中故城出土

以“减地平”手法雕刻。造像额部呈圆弧形，龛楣浅浮雕火焰纹图案。龛两侧各有一柱，柱下各有一人跪顶石柱。龛内释迦牟尼佛与多宝佛结跏趺端坐于须弥座上，二佛身后均有背光。须弥座下有两只昂首翘尾蹲坐的护法狮顶着须弥座，以力量突显佛教在现实生活中的地位。座下正中置博山炉，有众生六人合掌跪坐两侧，恭听说法。

莲花化生童子瓦当

北魏
直径 14.8、厚 1.5 厘米
托克托县云中故城出土

圆形。边廓为一圈联珠纹，联珠纹内饰一周复瓣双层莲花纹，共 12 瓣。莲瓣短肥，厚实，花瓣凸起，瓣尖向下翻卷，饱满而清晰。莲花中间饰一高浮雕半身童子像。童子面方圆，头上结蝶式髻，慈眉善目，高鼻梁，口角绽现微笑，大耳垂肩，神态端庄，表情温静，给人以慈祥之感。颈部有项饰，身体裸露无衣着，双手持华绳状。

人物画像墓砖

北魏

托克托县苗家窑村出土

每块砖体侧面有一立人，人物头顶均有椎髻，面部简单刻划眼、鼻、口，但表情、形态各异。脚下均有圆形团花图案。

残长 12、宽 16、厚 5.3 厘米

残长 16、宽 16、厚 5.3 厘米

残长 22、宽 16、厚 5.3 厘米

陶罐

北魏
高 17.5、口径 13、底径 9 厘米
托克托县郝家窑山梁出土

夹砂灰陶。敞口，瘦高腹，平底。素面无纹。

陶壶

北魏
高 13.5、口径 4.5、腹径 7.5、底径 4.8 厘米
托克托县征集

夹砂陶。口微侈，高领溜肩，鼓腹，平底。下颈部饰一周凸棱纹，肩部饰旋纹，夹水波纹。

铁鍑

北魏
通高 18、口径 12、足高 4.5、足径 8.8 厘米
托克托县郝家窑山梁出土

敞口，长腹，圜底，喇叭口镂空高圈足。口沿部有一环形立耳，另一耳残缺。

双鹿纹铜牌饰

北魏
长 10、宽 7.5 厘米
托克托县伍什家乡出土

长方形，一角残损，边缘饰两周乳钉纹，内有镂空双鹿昂首相向。

铜佛像

十六国至北魏初期
通高 9.5、佛像高 5.7 厘米；底座宽 4.6、厚 3 厘米
托克托县云中故城出土

佛像头部略向前倾，磨光肉髻甚大，面庞方圆，长眉，细目微睁，鼻梁高，鼻翼宽，小口，嘴唇轮廓清晰，面带笑意，大耳扁平，颈短粗，双手齐平结禅定印，结跏趺坐于双狮台座上，身着通肩式大衣。佛座为长方形，下部中空。正面两侧有二护法狮，狮呈蹲伏状。

释迦牟尼鎏金铜佛像

北魏

通高 28.5 厘米

托克托县云中故城出土

现藏于内蒙古博物院

释迦牟尼佛结跏趺端坐于须弥座上。其面相丰圆，阔耳垂肩，表情寂静而坚毅。涡旋状发型，顶有隆起的高肉髻。身姿挺拔，躯体丰厚。内着僧祇支，外披袒右袈裟，袈裟反搭于左肩。衣纹写实性强，有厚重的质感并富有立体感。像下的台座分为上下两部分，上部为方形束腰须弥座，须弥座两旁各塑蹲踞状的狮子一只；下部为四足床形底座。底座中部为方形空龛，龛楣饰忍冬纹，两侧龛柱旁各立一头戴风帽的供养人。底座背面錾刻有“大代太和八年（公元484年）岁次甲子十一月十二日……”八十余字铭文。

释迦牟尼、多宝二佛并坐像

北魏
通高 12.7 厘米；座高 4.7、宽 5.8、厚 3.4 厘米
托克托县云中故城出土

正面为释迦牟尼像。高肉髻，脸形方硕，较丰满，以阴线刻划五官，眉短横，眼微睁，面目祥和，大耳下垂。颈短粗，袒右肩，背光，上饰火焰纹。背面为多宝二佛并坐。着通肩大衣，双手置于衣内，似结禅定印相，有火焰纹背光，结跏趺坐于长方形束腰四足高床上。床足左侧面和释迦牟尼像一面刻有发愿词："正始三年（公元 506 年）十月六日曹朝达为亡父母造多宝像一区。"

隋唐时期

（公元581～907年）

银州龙川府长史白君墓志

唐
边长 34、厚 6 厘米
内蒙古自治区鄂尔多斯市准格尔旗征集

墓志由两块大方砖制成，保存完好。出土时，两砖的正面合在一起，上面的方砖呈覆斗形，起志盖作用。两砖正面磨光，画竖格，每格宽 3 厘米，铭文墨书于竖格内，行书体，每块砖上写 11 行，从右至左竖读，每行 13～17 个字不等，全文共 327 个字。方砖正面四边用墨画出整齐的黑色边框。墓主人为唐代银州龙川府白休征。

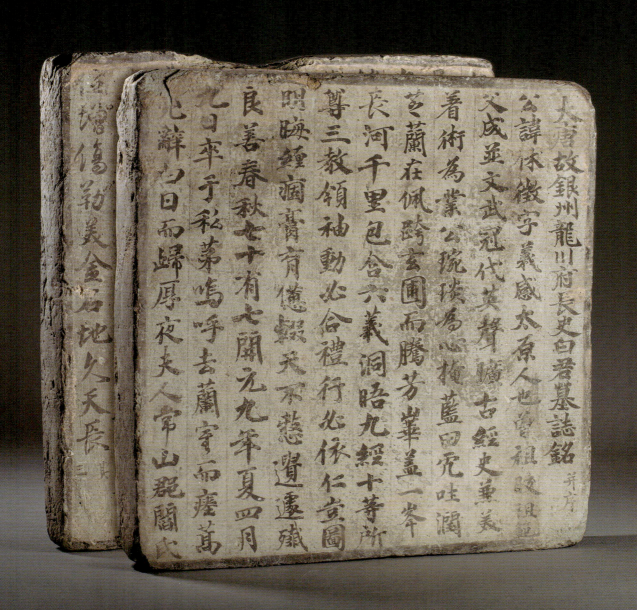

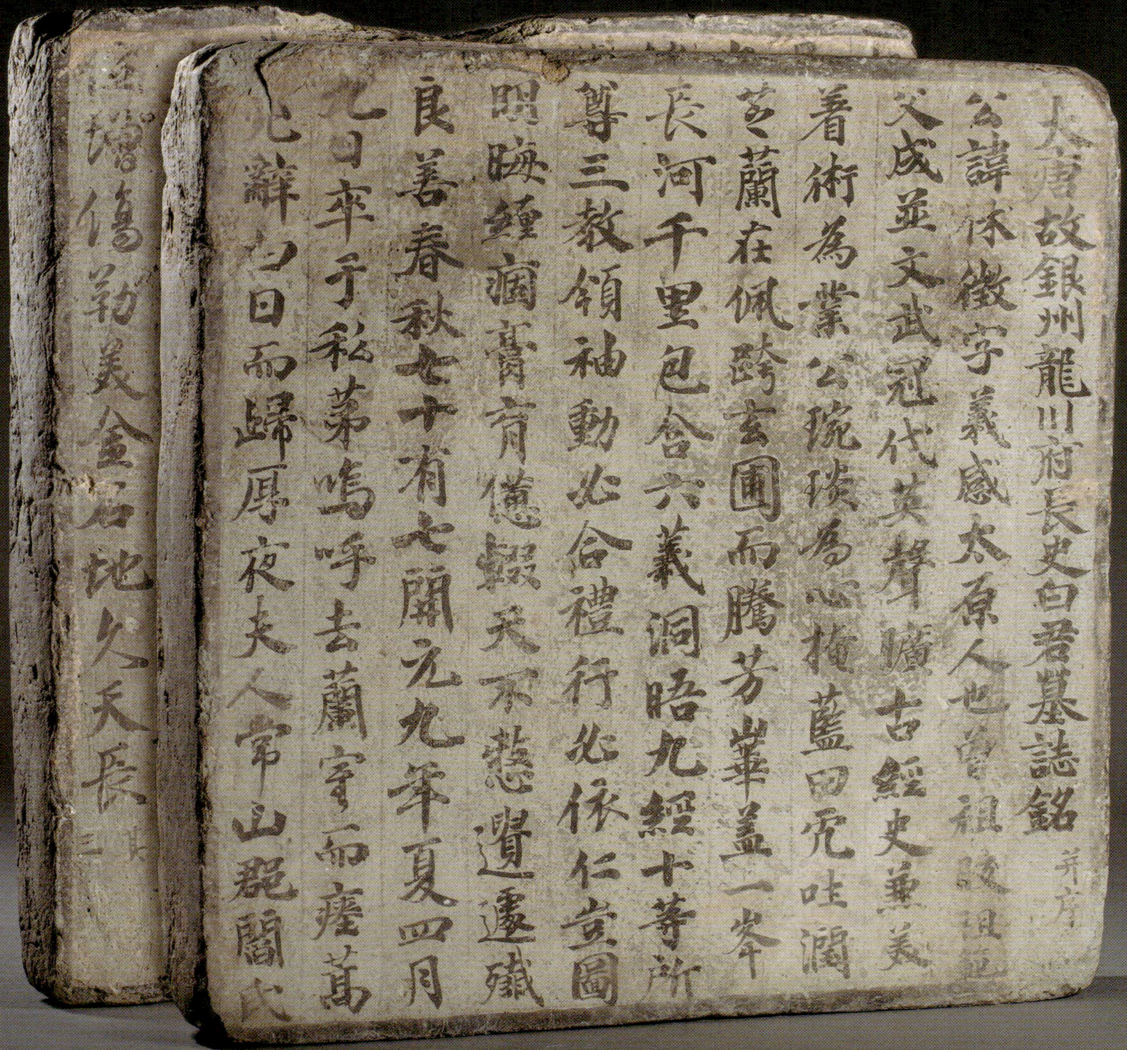

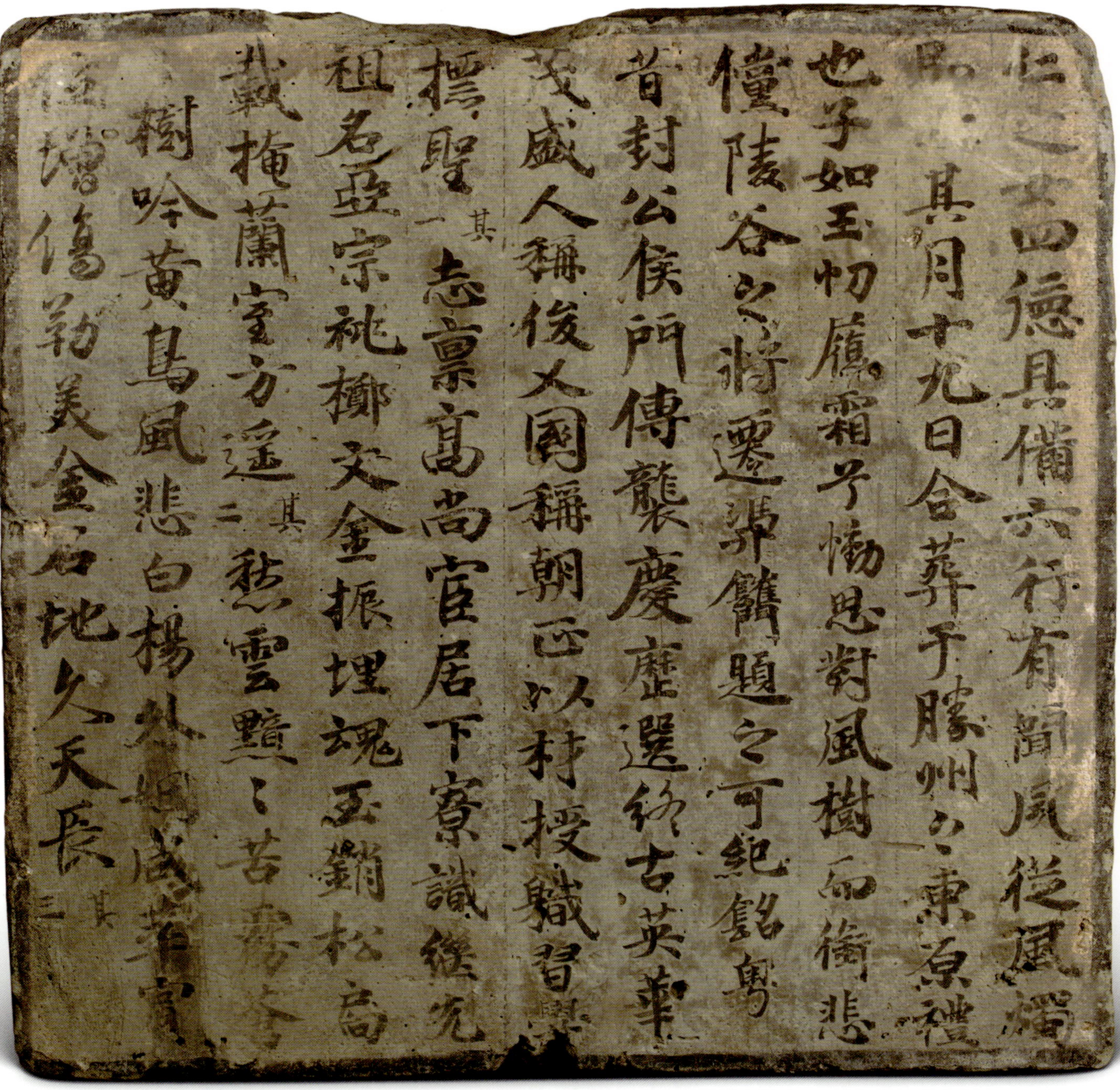
四德具備六行有聞風從風燭
其月十九日合葬于滕州之東原禮
也子如玉切廬霜兮慟思對風樹而銜悲
陵谷之將遷弄鐫題之可紀銘曰
昔封公侯門傳襲慶歷選終古英華
茂盛人稱後又國稱朝廷以材授職習
志稟高尚官居下寮識從究
祖名亞宗祧柳文金振埋魂玉銷松扃
掩蘭室方遙
樹吟黃鳥風悲白楊
傳勒美金石地久天長

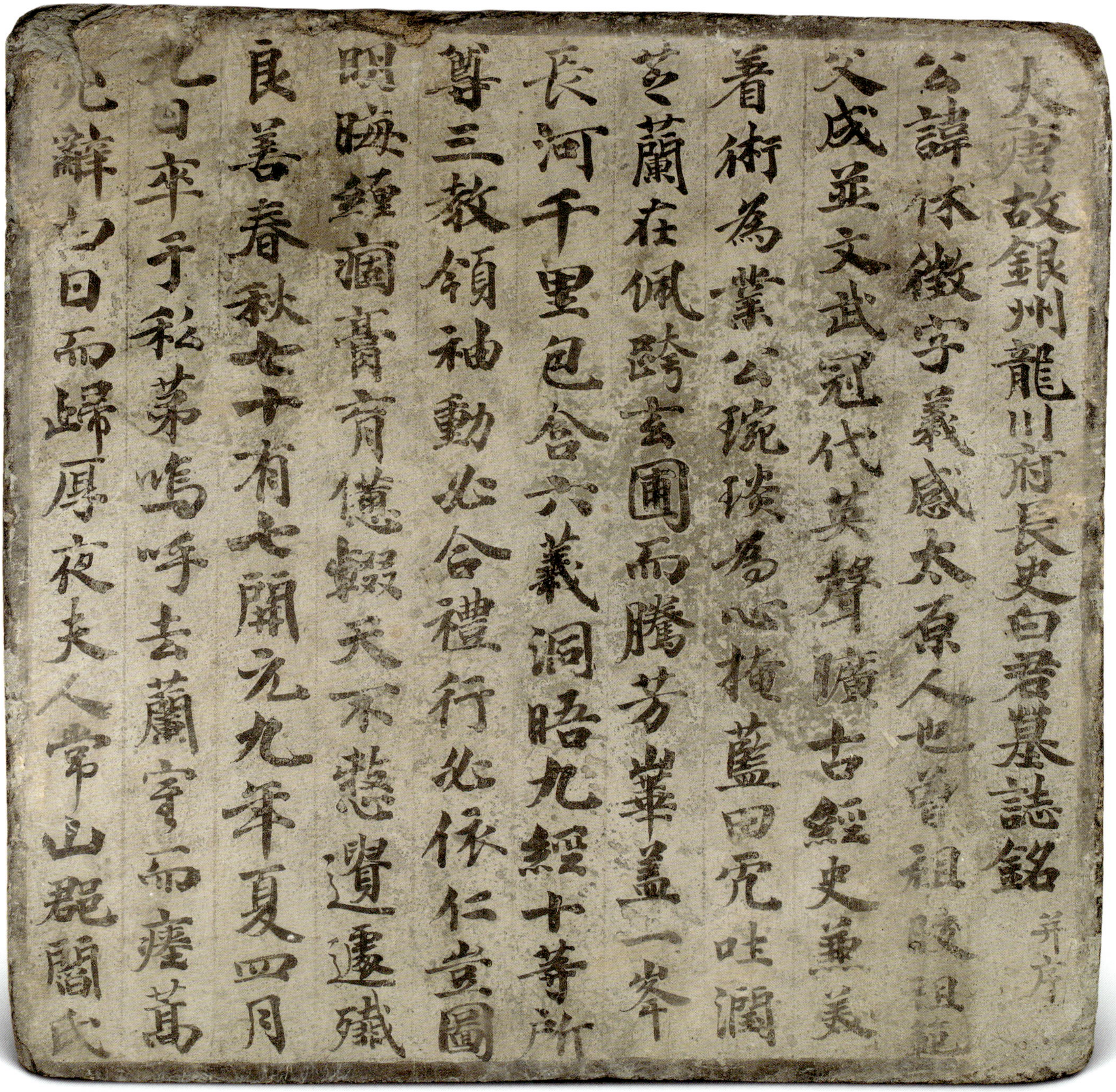
大唐故銀州龍川府長史白君墓誌銘并序
公諱休徵字羲感太原人也曾祖陵祖
父成並文武冠代英聲廣古經史兼美
着術為業公琬琰為心掩藍田究吐潤
芝蘭在佩跨玄圃而騰芳崋華蓋一峯
長河千里包含六羲洞晤九經十善所
尊三教領袖動必合禮行必依仁豈圖
明晦鍾瀾膏肓僊綴天不慭遺遽殲
良善春秋七十有七開元九年夏四月
七日卒于私第嗚呼去蘭宇而瘞蒿
巳辭七日而歸厚夜夫人常山琵闓氏

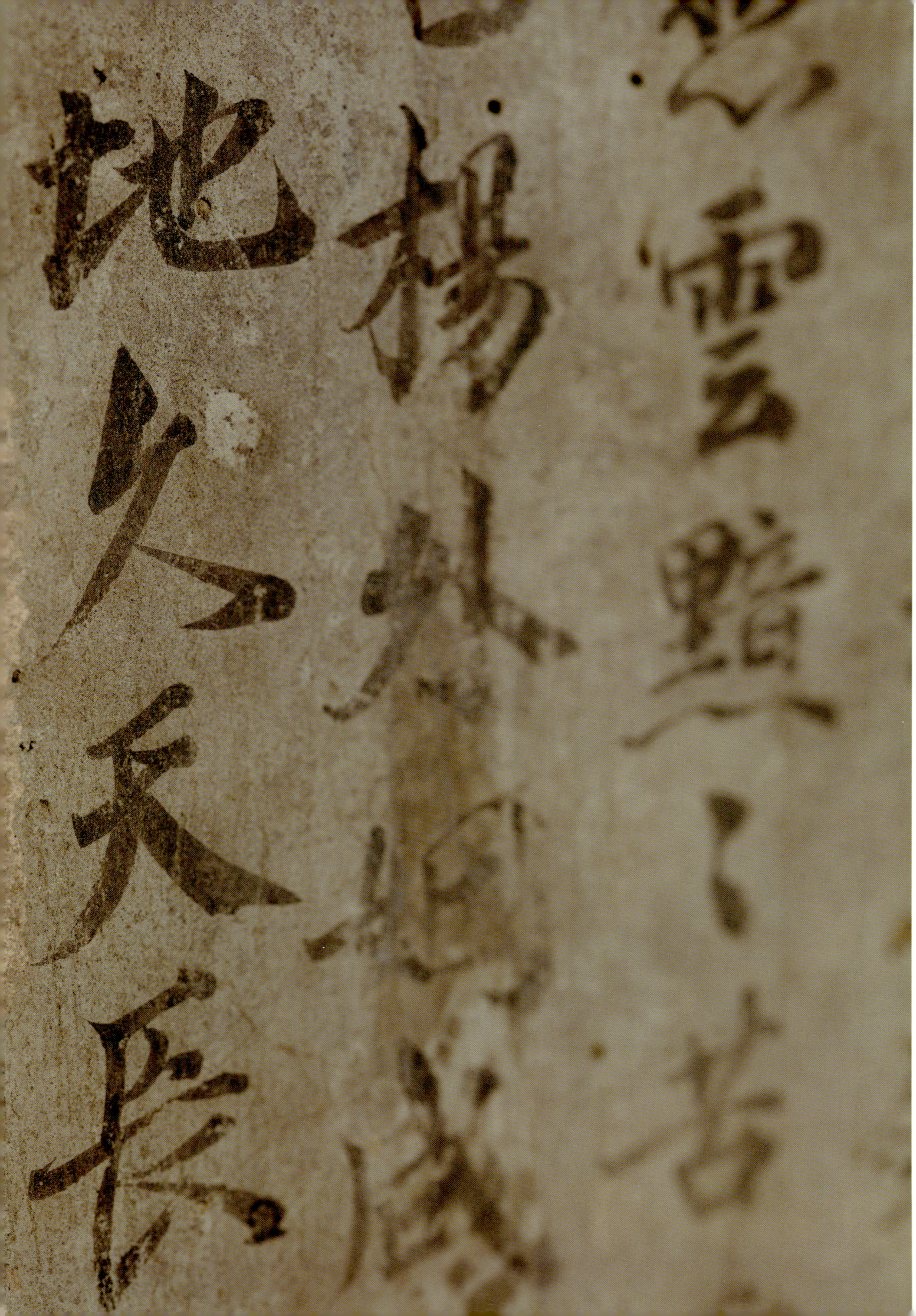
地久天長

其備六行有聞風從風獨
元日合葬于滕州之東原禮
霜予慟思對風樹而銜悲
遷馮鐫題之可紀銘曰
傳襲慶歷選後古英華

青瓷注子

唐
高 23.8、口径 7、腹径 12.5、足径 8 厘米
托克托县境内唐墓出土

侈口，高颈，溜肩，斜长腹，圈足外撇。上半部施青釉，下半部素胎。直流和手柄残，为修复。

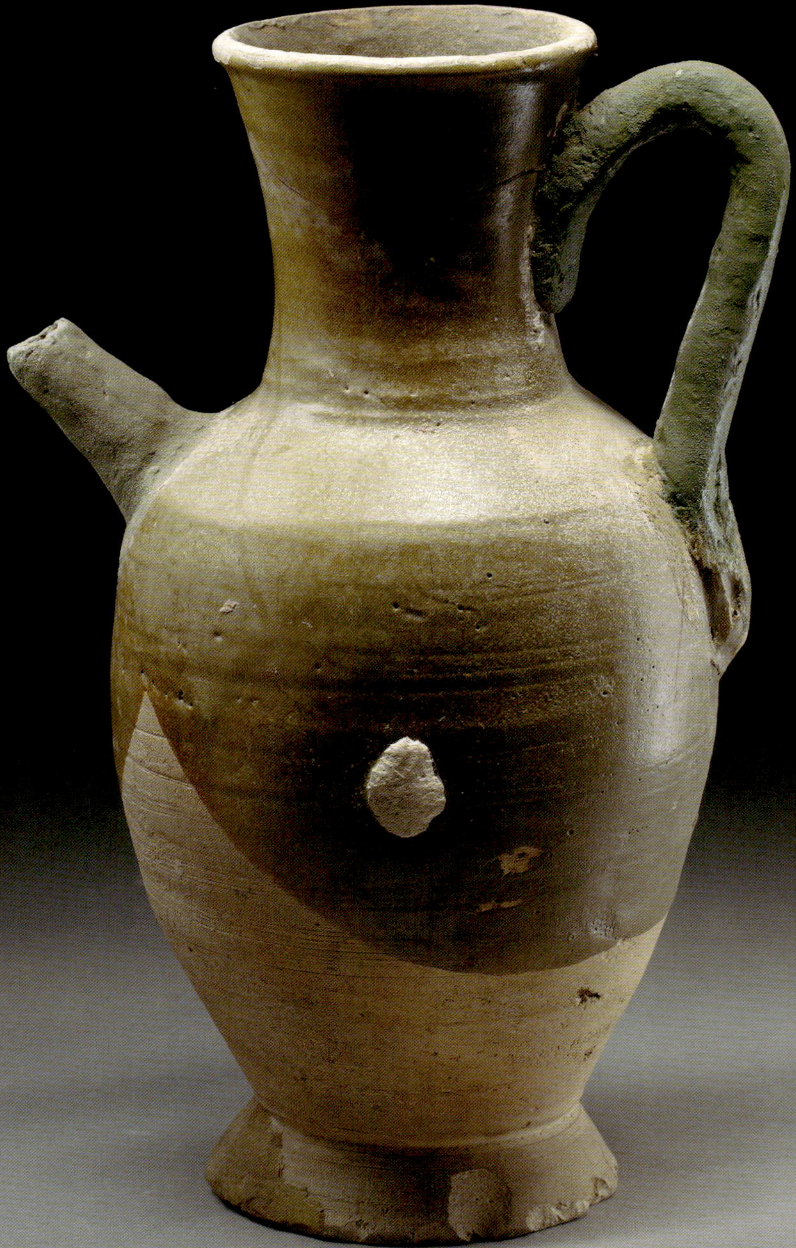

铜鎏金带饰

隋唐
方形带銙长 3.7、宽 3.5 厘米
拱形带銙长 3.4 宽 2.4 厘米
鉈尾长 6.4、宽 3.7 厘米
托克托县征集

该组带饰由 11 件饰件组成，包括带銙、鉈尾。拱形带銙六件，方形带鉈四件，鉈尾一件。

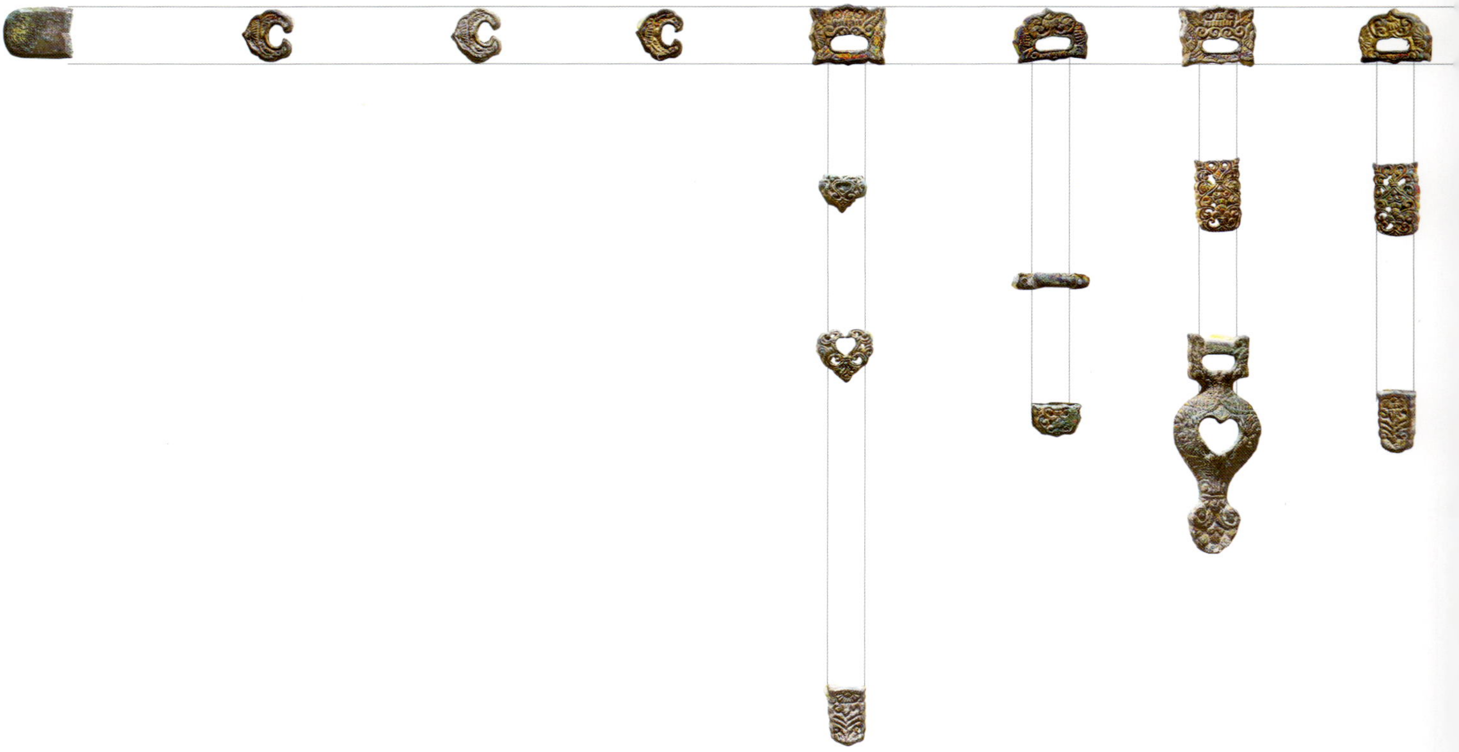

铜鎏金蹀躞带饰

隋唐
带扣长 5.6、宽 3.2 厘米
方形带銙长 2.7、宽 2.2 厘米
拱形带銙长 2.4、宽 1.7 厘米
鉈尾长 2.2、宽 1.7 厘米
内蒙古自治区鄂尔多斯准格尔旗征集

该组带饰由 40 件饰件组成，包括带鞓、带銙、带扣、鉈尾及带箍组成。蹀躞带是由皮革或丝绦制成，精美适用。它适于在腰带上佩挂弓箭、刀等狩猎用具和装饰品。该带饰或为突厥贵族遗物。

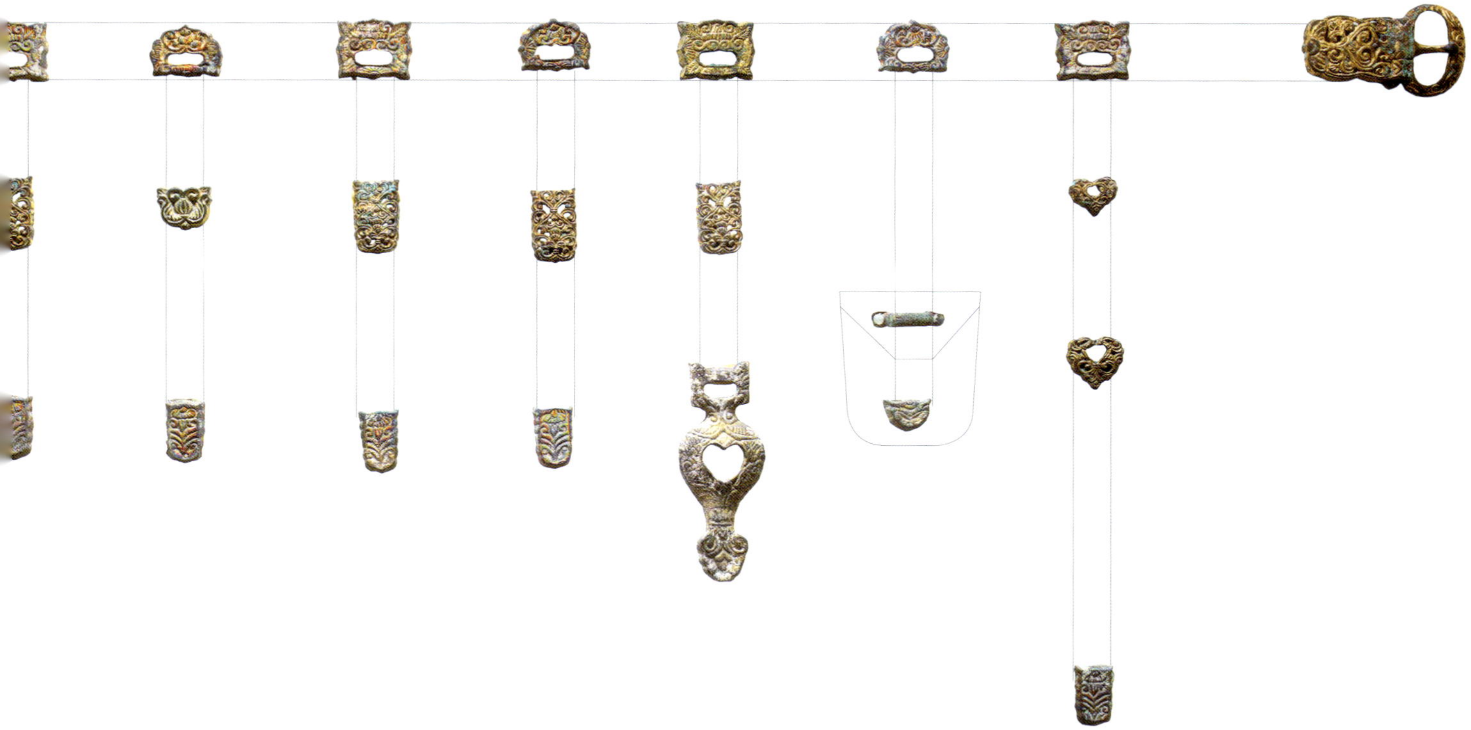

龙纹铜带銙

唐
每块长5.7、宽5.2、厚0.9厘米
托克托县东胜卫故城出土

五件。其大小、形状、纹饰相同，均为铸件。铜銙边廓内为一张口回首戏珠腾龙，下部距底边有长方形穿孔（古眼），"古眼"四边均凸起，中部略高，两侧向下有垂弧线，呈"山"字形。带銙背面有四个铜铆钉。

释迦牟尼说法铜造像

唐
残高8.5、宽10厘米
托克托县征集

佛像由弧形底座、护法神和一佛二菩萨及背光组成。释迦牟尼佛结跏趺端坐于由莲茎、莲叶和莲花组成的台座上，高肉髻，慈眉善目，身着通肩大衣，作说法状。观音、大势至两位菩萨侍立于释迦牟尼佛两侧。释迦牟尼佛和两菩萨背后有镂空背光，背光顶端残缺。弧形底座两端分立护法神，左侧护法神头略低，双手合十，毕恭毕敬地站立一旁；右侧护法神宽衣博带，袒胸，颈系璎珞，右臂屈于胸前，左臂已残缺。

鸾鸟舞马千秋镜

唐
直径 17.7 厘米
托克托县境内唐墓出土

八瓣菱花形，圆纽，水银浸。高浮雕塑一朵云头纹，两只鸾凤和一匹飞马。云头纹在纽上方，两只鸾凤在圆纽左右，飞马在纽下方。天马与鸾凤相引连接，似追逐嬉戏，又似相依相恋，栩栩如生。边缘饰两对称的折枝花、流云、蜻蜓与蜂蝶。

辽、西夏、金、元时期

（公元 *916 ~ 1368* 年）

白釉葫芦形执壶

辽
高 16.7、口径 2.4、腹径 11、足径 6.3 厘米
托克托县东胜州故城出土

葫芦形，小口，短颈，圈足。壶一侧为柱状直流，流残，另一侧为直柄。流、柄与壶身连接处都涂有铁锈色，以掩饰粘接痕迹，起美观效果。

鎏金观音菩萨像

西夏
高 11、宽 4.2、厚 1.7 厘米
托克托县征集

合范铸造，通体鎏金。观音头戴高大宝冠，眉目清秀，丰腴的面颊绽现微笑，颈系项饰。左臂下垂，手持净瓶；右臂弯曲向上，手持杨柳。上身无衣着，腰间系裙带，体态若童子，站立于莲花宝座上。

“首领”印

西夏
通高 3.4、边长 5、厚 0.8、纽高 2.3 厘米，重 140 克
托克托县征集

青铜质。橛纽，纽下部有穿孔，印文为西夏文篆体书写“首领”二字。印背纽的左右两侧阴刻有西夏字，印纽顶端刻西夏文“上”字。

黑釉双系扁壶

西夏
高 20、口径 5、厚 10、足径 7.5 厘米
内蒙古自治区鄂尔多斯市准格尔旗征集

圆唇，翻沿，短颈，壶的肩部有对称双系，底足在壶的侧面。放置时，口在侧面，携带时，则口在上面。通体施黑釉，施釉不到底。

瓷雷

西夏

托克托县东胜州故城出土

蒺藜状，中空，大小规格略有不同。每个瓷雷有直径1厘米的圆形小孔，用以装火药和引爆火捻。东胜州故城两次出土早期瓷雷二十余枚，有的瓷雷上小孔还能倒出里面的火药。

最高16、最大直径15厘米

最高12.5、最大直径11厘米

最高13、最大直径12厘米

金代石刻

金

长 82、宽 63、厚 6 厘米

托克托县东胜州故城出土

阴刻楷书 343 字，部分内容为唐宋诗词名句。诗词中的个别字与现代版唐宋诗词的用字不同，个别字的书写与今亦有不同之处。该石刻出土于有明确纪年的金代石棺墓葬中，对于研究唐宋诗词和汉字演变方面具有重要的史料价值。

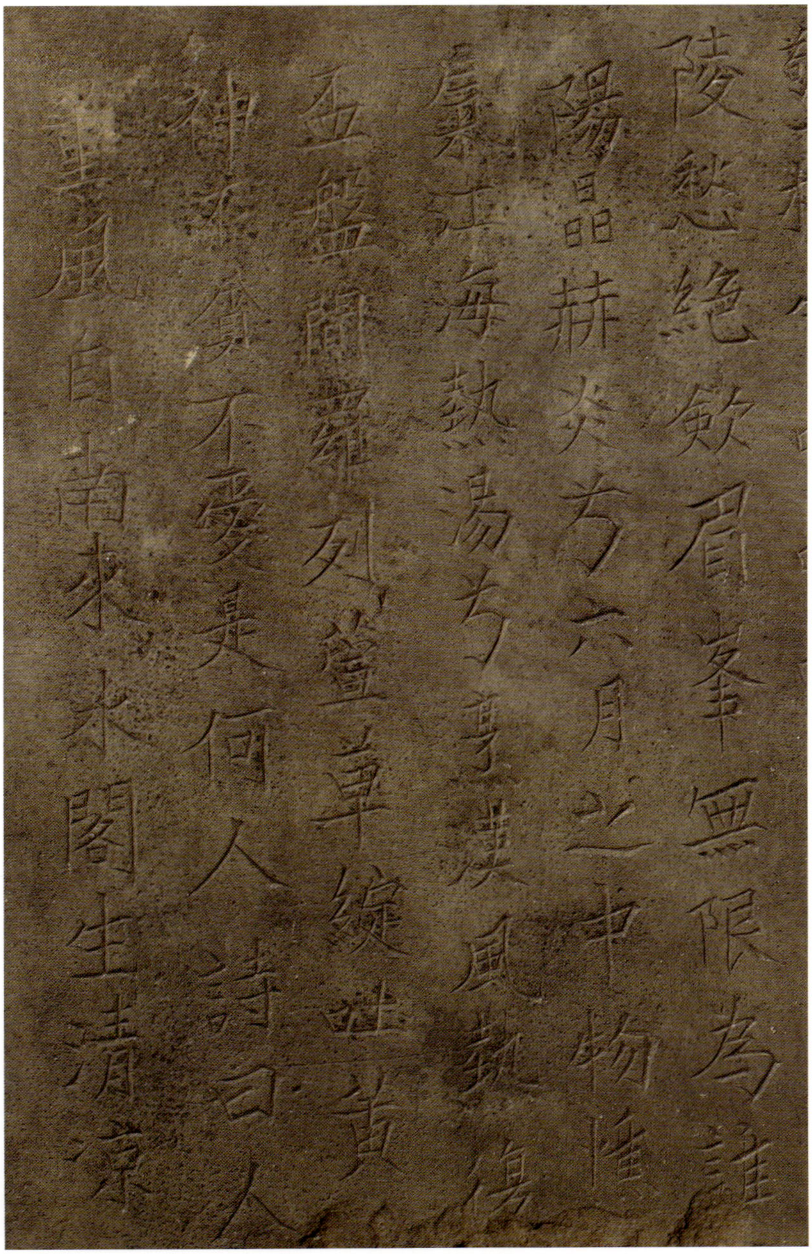

鷟枝雪鳴噎啼暗結又不
陵愁絶斂眉峯無限為之
陽晶赫炎方六月之中物性
扇江海熱湯方亭淒風熱
盂盤闌羅列簟草繞壁苗
神不貪不愛是何人詩曰
薰風自南來水閣生清

昨日南風似火攬野雨看
王孫取意歡詩曰滕王耳
昭飛南捲雲珠簾暮捲
移度幾秋閣中弟子今
茅舍俱停不暫閑因循
雲起鑠空然人背畏炎
月蒲寒空清光一方傾水
篙工北篙半用前湯

保德州招讨使司之印

金

通高 4.2、边长 8.8、厚 1 厘米，重 870 克

托克托县东胜州故城出土

红铜质。近似方形，短矩纽，印文为“保德州招讨使司之印”九个阳文九叠篆字，印背面无年款，只在右上方阴刻楷书“上”字。印面边角略有磨损。印文中的“保德州”即今山西省晋西北地区的保德州。《金史 · 地理志》记载保德州：“本宋保德军，大定二十二年（公元 1182 年）升为州。”金代的保德州属河东北路管辖，属金代边界设置的三十八兵州之一。印文中的“招讨使司”为官署名，辽开始设置，掌招怀降附事宜。金代在西南路，东北路置招讨司。设招讨使一员，正三品；设副招讨使一员，从四品；设判官一员，从六品。

博陵郡记印

金
通高 1.3、边长 3.7、厚 0.5 厘米，重 70 克
托克托县东胜州故城出土

红铜质。方形，橛纽。印文为“博陵郡记”四个九叠篆字，有边框。印文布局规矩整齐，篆体干净利落。

双鲤铜镜

金
直径 20.5、厚 1 厘米，重 2100 克
托克托县东胜州故城出土

圆纽。镜背饰有两条反向的在起伏的波涛中游弋的鲤鱼，双鱼体大肥硕。双鲤鱼在金代的器物上是最习见的一种图案，鲤鱼有繁盛的生殖能力，寓意多子多孙；或借意“鲤鱼跃龙门”，以表达祈求升官登士的愿望；或谓双鱼是书信的别名。

吴牛喘月铜镜

金
通长 20.2、镜面直径 10.7、柄长 9.5、柄宽 2.2、厚 1 厘米，重 400 克
托克托县云内州故城出土

圆形，带柄，柄上有花枝纹。镜背满布水波纹，层层波浪翻滚，水天相连。镜上方，烟云掩映，一弯新月；镜右侧，一仙人云游；镜下方弯月流云映入水中；镜左侧水中站一牛，似观望水中弯月。正中铸一枚“大定通宝”钱，同“大定通宝”币形制、大小完全相同，宽素缘，近缘处一周锯齿纹。“大定”为金代世宗完颜雍年号（公元 1161 ~ 1189 年）。

“云内州”刻铭铜镜

金
直径 17.6、厚 0.6 厘米，重 512 克
托克托县云内州故城出土

无纹饰，宽缘，缘上镌刻“云内州柔服县验记官”和一花押。据考证云内州城就是托克托县境古城镇白塔村古城遗址。云内州城建于辽清宁初年，是辽、金时期西部地区西三州（丰州、云内州、东胜州）之一，云内州和东胜州治皆在托克托县境。云内州在金代时领云川、柔服二县，治所设在柔服县。

三彩釉虎形枕

金
高 14、长 30.2、宽 15.5 厘米
托克托县云内州故城出土

胎体为红陶质，枕面已残缺。虎枕通体施黄釉，有黑色斑纹。但大部分已脱落。虎呈卧伏状，两眼炯炯有神，左右两只虎牙外露。老虎口衔荷叶茎，背驮荷叶，叶茎与荷叶还能看到残留的绿釉。

“上都”铭带銙

元
内蒙古自治区鄂尔多斯市准格尔旗征集

带扣长 5.5、宽 3.2、厚 1.0 厘米
方形带銙长 4.3、宽 3.9、厚 0.5 厘米
拱形带銙长 3.8、宽 2.9、厚 0.7 厘米
鉈尾长 7.9、宽 3.9、厚 0.8 厘米

该带饰共 10 件，包括带扣、带銙、鉈尾。带扣一件，素面，仅存扣环部分；带銙八件，素面，皆有长方形穿孔（古眼），缺垫片，其中方形带銙四件，拱形带銙四件；鉈尾一件，缺垫片，背面铸有阳文“上都”两字。10 件带饰都有锈蚀，部分带饰残存鎏金。

八思巴文“鄜城等处义兵百户之印”

元

通高7.5、边长6.3、厚1.3厘米，重580克

托克托县东胜州故城出土

方形，直纽。译成汉文为“鄜城等处义兵百户之印”。印背面刻有三行汉字，右侧一行为“鄜城等处”，左侧两行为“义兵百户之印，至正十八年（公元1358年）八月造”。

红绿彩瓷俑

元

托克托县东胜州故城出土

共八件，两女六男。造型拙朴可爱，女性头戴姑姑冠，身着宽大袍服；男性为蒙古族“婆焦”发式，应为蒙元时期贵族形象。红绿彩瓷是12世纪后期北方陶瓷窑工创烧出的一种新颖的彩瓷。其中生产规模最大、品种较为丰富的是长治八义窑。八义窑生产红绿瓷器的时代当在金代中期以后至元代立国前后或略晚。

高5.8、最宽2.9厘米

高5.9、最宽2.8厘米

高6.4、最宽3.1厘米

高5.9、最宽2.2厘米

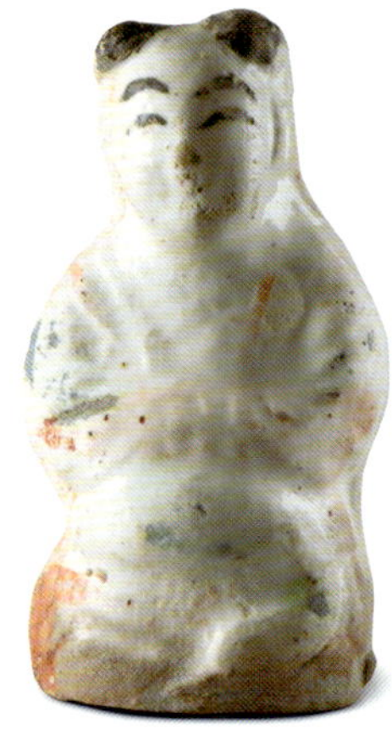

高 5.8、最宽 2.9 厘米

高 6.9、最宽 3 厘米

高 6、最宽 2.3 厘米

高 5.7、最宽 2.4 厘米

三彩力士像

元
高 45、宽 28 厘米
托克托县东胜州故城出土

施黄绿釉。力士上身无衣着，袒露胸腹，肌肉健壮，肩披黄色彩带，双臂弯曲向上，力托千钧重负，面部表情给人用力之感。应是东胜州城内庙宇或寺院建筑构件。

三彩香炉

元
高 10.5、口径 9.4 厘米
托克托县东胜州故城出土

敞口，矮颈，鼓腹，圜底，三兽蹄足，颈部对称有两个竖耳。香炉为陶胎，图案是在炉上再粘贴陶泥，然后雕刻，形成较强立体感的高浮雕图案。香炉腹部对称两条回首龙，施黄釉。耳上雕卧鹿，耳下对称两朵高浮雕牡丹花，衬以绿叶。牡丹花为白色胎泥无着色，施亮釉，与黄、绿形成了三彩。

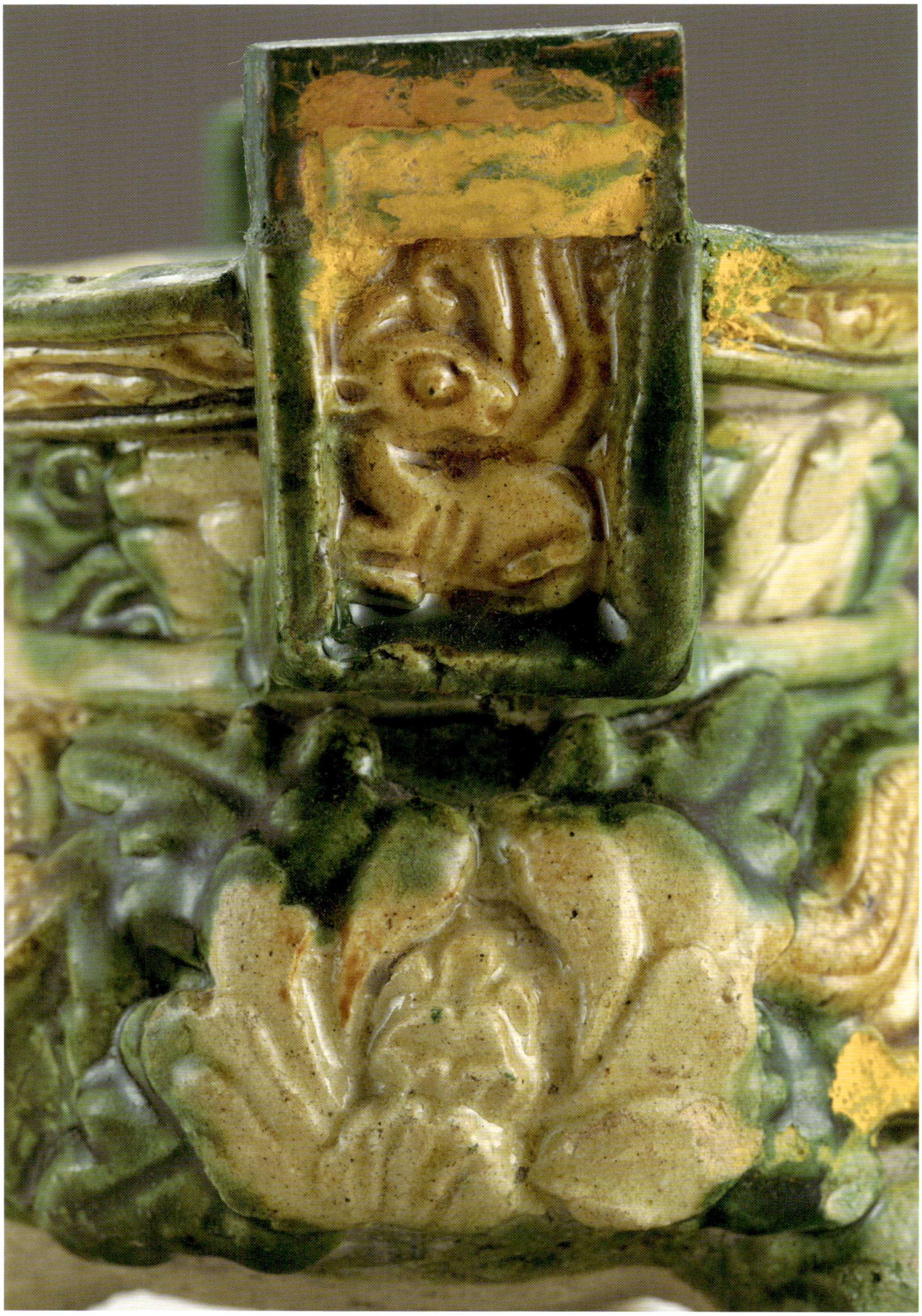

墨书纪年梅瓶

元
高 26、口径 4.5、腹径 15、足径 9.5 厘米
托克托县征集

圆唇，小口，短颈，丰肩，斜长腹。施白釉不到底，圈足露胎。露胎处墨书“至正五年十二月日”八个字。“至正”是元朝最后一位皇帝顺帝妥懽帖睦尔年号，在位共 38 年。至正五年是公元 1345 年。该梅瓶是有明确纪年的盛酒器。

都府梅瓶

元
高 25.8、口径 5.2、腹径 17.2、底径 11 厘米
托克托县东胜州故城出土

圆唇，小口，短颈，丰肩，收腹，圈足露胎，施白釉不到底。肩部用褐彩书“都府”二字。都府是元代的官署都护府，掌畏兀儿人词讼。至元十一年（公元 1274 年），置畏兀儿断事官，秩三品。二十二年（公元 1285 年）改都护府。延祐三年（公元 1316 年）升正三品。设大都护、同知、副都护等官。该梅瓶应是专为都护府制作的盛酒器。

铁锈花四系瓶

元
高 33、口径 5、腹径 22、足径 10 厘米
托克托县征集

瓶身似冬瓜状，圆唇，小口，短颈，圈足。口部稍残，肩与颈部有四系，整体施白釉不到底。从肩部到腹部绘有三道褐彩双线弦纹和草叶纹饰，施白色化妆土。

铁锈花筒形盖罐

元
通高 31、口径 22、足径 10.7 厘米
托克托县东胜州故城出土

盖与罐以子母口相扣合。盖子口，呈穹顶，盖正中有纽。罐为直筒形，下腹斜折收。淡黄色胎，胎质粗疏。盖与罐外壁施白釉，施釉不到底，圈足无釉；罐内底部有四个支钉，内壁施透明釉。罐外壁绘三组褐彩双线弦纹，罐盖绘三组草叶纹，施釉前上白色化妆土。

白釉铁锈花壶

元
高 15.5、口径 4、腹径 15、足径 7.2 厘米
托克托县征集

圆唇，高直口，广肩，鼓腹，圈足底。壶身一侧为短柱状直流，另一侧为壶柄，流与柄残。肩与腹绘制铁锈花，图案笔法十分流畅，为典型的元代磁州窑产品风格。

玉壶春瓶

元
高 26、口径 7.6、腹径 15.5、足径 7.8 厘米
托克托县东胜州故城出土

口呈喇叭状，圆唇，细长颈，溜肩，鼓腹，矮圈足。施白釉不到底，圈足无釉。从颈部到腹部褐彩绘四道双弦纹，弦纹间绘铁锈草叶纹。

黑釉葫芦酒壶

元
高 19、口径 2.3、下端腹径 10、足径 6 厘米
托克托县东胜州故城出土

葫芦形，矮圈足。执手造型奇特，为一只贪酒的猴子，头顶凉帽，趴在酒壶上，前肢托在酒壶的口沿处，头高出壶口，张嘴正对壶口。猴子后肢的膝部顶在了葫芦腹部的上端，小腿与猴尾附着在葫芦腹部的下端，弯弓的猴腰便成为酒壶执手。

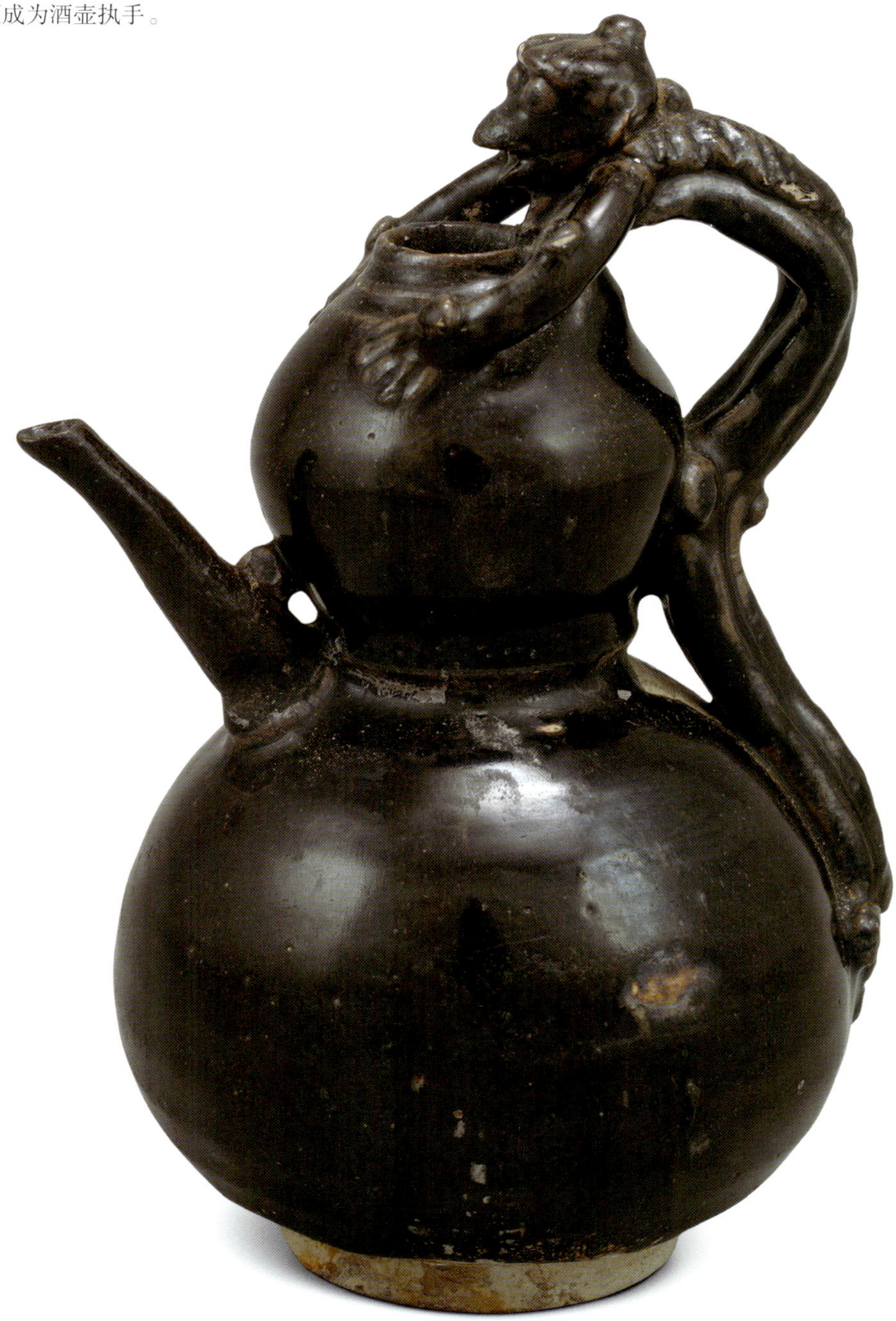

敞口，斜腹，小圈足。碗壁为浅黄色胎泥和褐色胎泥相搅而成，呈浅灰木纹胎体，纹理富丽堂皇，釉色透明莹润，光彩夺目，足底亦施釉。

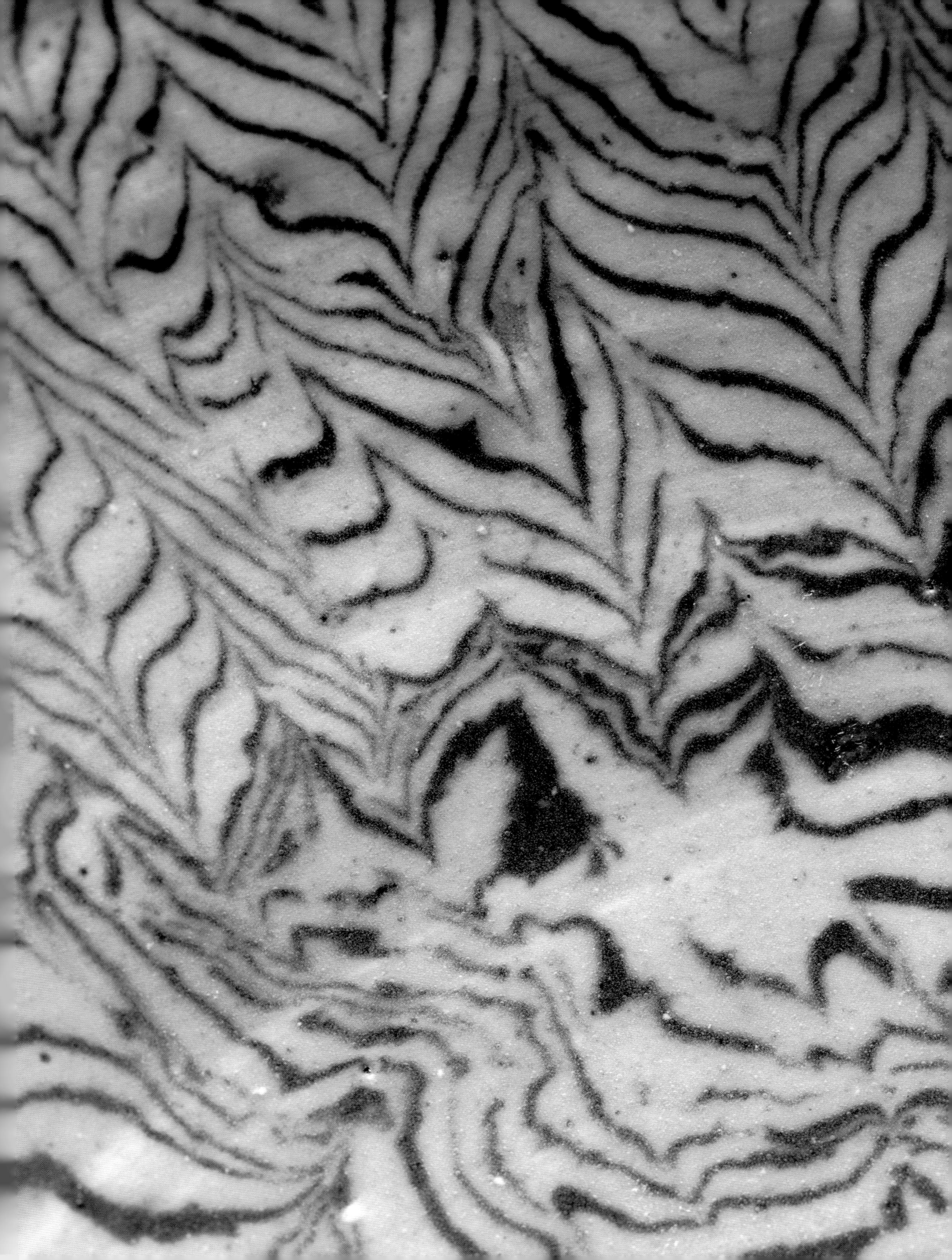

青釉菱口折沿盘

元
高 5.6、口径 26.5、底径 8 厘米
托克托县东胜州故城出土

菱口平沿，弧腹，卧足。内壁底部刻划荷叶纹，外壁为瓜棱状，似菊瓣。全器施青绿釉，釉色莹润柔和，有“出筋”现象。足端无釉现火石红，圈足内有一涩圈，露胎处呈橘红色。胎体洁白，胎骨厚重。

青釉双鱼洗

元
高3.4、口径14.6、底径8.3厘米
托克托县东胜州故城出土

敞口，折沿，平底，浅腹，圈足。釉色青绿，釉质肥润，似翠如玉。盘底心贴塑背向小鱼一对，盛满水后，鱼游浅底，生动鲜活，栩栩如生。圈足内有一涩圈，呈现火石红色，有“出筋”现象。

卵白釉印花折腹碗

元
高 4.4、口径 11.7、足径 4.3 厘米
托克托县东胜州故城出土

敞口，折腰，圈足。细白胎，圈足露胎。内外施卵白釉，内腹和内底均饰有缠枝花纹，内外壁局部呈现开片。圈足正中呈鸡心突，鸡心突是元代瓷器又一特征。

卵白釉双龙纹高足杯

元
高 9.3、口径 11.3、足高 4.5、足径 3.7 厘米
托克托县东胜州故城出土

敞口，弧腹，高圈足，足底端略外撇。通体施卵白釉，内壁模印两条行龙，首尾相接，间饰以火焰纹、朵云纹；杯内底饰双钩变体莲瓣纹，内填杂宝。杯身与杯足泥接，圈足内素胎。该器瓷质精良，胎体较薄且半透明，逆光观察，内壁图案清晰可辨，两条行龙历历在目。

明清时期

（公元 1368 ~ 1911 年）

铜火铳

明
长 44 厘米、壁厚 1 厘米
铳膛口径 3.5、尾銎口径 4.2 厘米
托克托县东胜卫故城出土

膛面錾刻铭文：“虎贲左卫教师祝一习学军人尚十三铳筒重三斤九两，洪武十年　月　日造。”

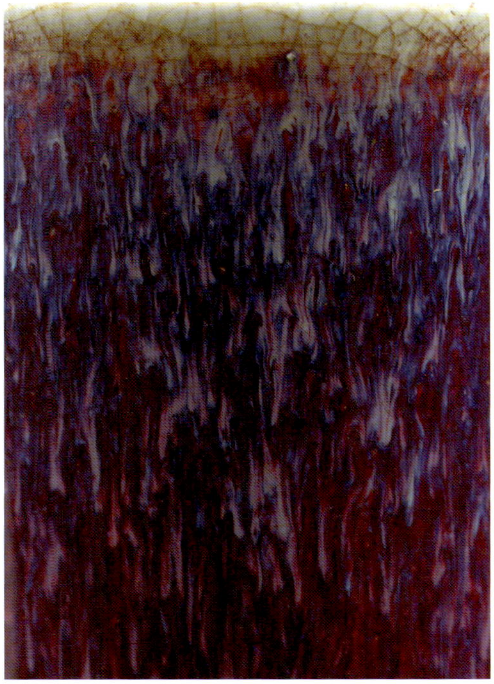

窑变天球瓶

清
高 40.5、口径 8、腹径 23、底径 13 厘米
托克托县征集

天球瓶通体呈深红色，高温烧造时，口部边沿处的釉面往下垂流，形成脱口，俗称“灯草口”。瓶颈上部闪现蓝色星点，红色釉面凝厚，玻璃质感强，光亮莹彻，越往下越加浓艳，如初凝的牛血，有羽毛状流淌感。器内壁为苹果青色，口部与红色釉面的衔接处形成带有紫红色的晕斑。底部为微黄的米汤色。圈足磕碰处露出了洁白坚致的胎质。器里外及底部都开有很细的片纹，在强光下观察，开片纵横，如欲碎的红宝石。

蟹甲青双耳瓶

清
高 29.6 厘米
口长 11.4、宽 8.4 厘米
腹长 14.2、宽 12 厘米
底长 11、宽 9.2 厘米
托克托县征集

扁形葵口，短颈，双耳，腹方圆，微鼓，收底撇足。通体施蟹甲青釉，或称龟裙绿，釉色纯正均匀，青中闪绿，沉静柔和，釉质莹润透亮。造型端庄古朴，俊秀典雅。晶莹透彻的青绿色，颇似刚刚钻出水面的螃蟹、甲鱼裙所呈现的色调，因而称“蟹甲青”釉。

青花冰梅纹瓶

清
高 25.5、口径 7.8、腹径 10.4、底径 8.6 厘米
托克托县征集

通体施青花冰梅纹。底部旋削呈泥鳅背，落青花四字款“康熙年制”。

青花笔筒

清
高 15.5、口径 20、底径 19.2 厘米
托克托县征集

直口，略收腰，拱壁底，亦称壁形底。底厚重，中间有脐，器底有一圈露胎无釉，脐内落青花款：“大清康熙年制”。笔筒施青白釉，釉色白中闪青，薄而莹润，釉面光净，青花绘制四季风景图案：远山近水，小桥流水，跌宕高古，层峦叠嶂。图案娇艳青翠，色调清新明快，色阶层次分明，画面富有实感。每幅图配诗一首，诗句草体书写。

青花缠枝菊花纹盘

清
高 3.7、口径 20.9、底径 13 厘米
托克托县征集

为花式口，盘内用胎泥将盘隔成了四等分，可放置四种不同的食物。盘内每格青花绘制缠枝菊花纹图案，盘外壁绘四组青花花卉图案，底心落青花篆书四字款“乾隆年制”。

青花过墙龙纹大盘

清
高 5.9、口径 28.2、足径 16.5 厘米
托克托县征集

豆青釉。盘内绘制一条青花五爪龙，腾云驾雾，张牙舞爪。舞龙的后半身和后肢在盘的外壁绘制，称“过墙龙”。该盘应是清乾隆年间普通的民窑产品。令人称奇的是在盘的外壁錾刻铭文，内容为清道光年间罗姓墓志铭：“公乃仙七上都棠阴塔背坊，罗润若公之孙，希文公次子，生于乾隆庚申十月初一日申时，殁于道光甲申年二月初六日申时，享年八十有五，立此永为不朽之计云耳。哀妻洪氏，孝男禹盛，媳吴。孙昇平，女适吴，女孙引秀。故父罗公，锦成传行三七。”盘内底部錾刻一个“锦”字。应是清乾隆年间的青花盘，进入道光年后被用以錾刻墓志铭，实属罕见，是研究清中叶民情风俗的珍贵的实物资料。

錦

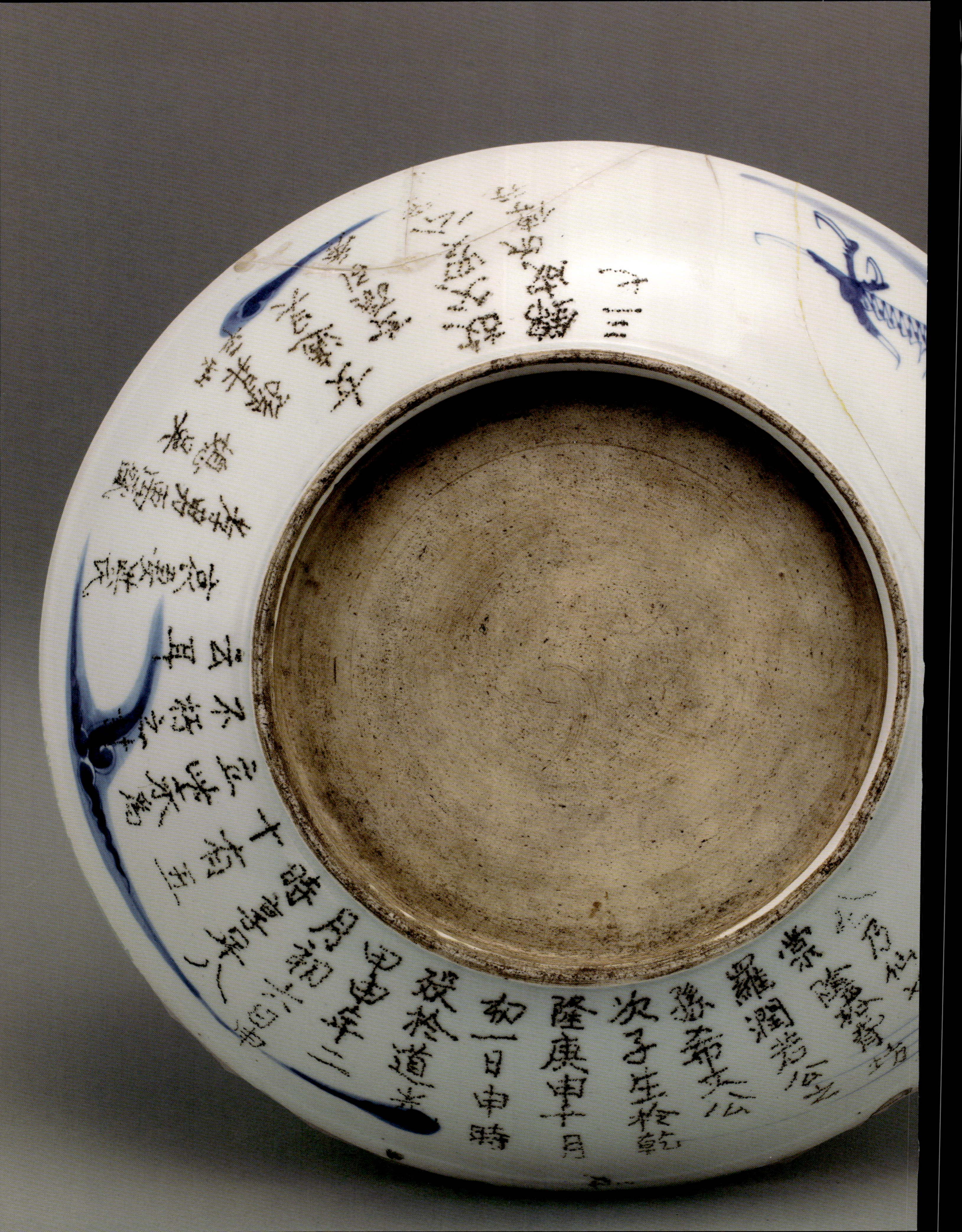
次子生於乾
隆庚申十月
初一日申時

青花缠枝牡丹纹折沿盆

清
高 9.4、口径 29、底径 12.5、口沿宽 3.7 厘米
托克托县征集

施豆青釉。盆内及口沿满布缠枝牡丹纹图案，盆外壁绘三组青花草叶纹饰。该盆纹饰是清嘉庆年间流行的图案。

青花缠枝牡丹纹小碗

清
高 6、口径 12、足径 4.7 厘米
托克托县征集

施豆青釉。碗内壁素白无纹饰，外壁满绘缠枝牡丹纹，圈足饰一周弦纹，圈足内中心落减笔字青花款“大清嘉庆年制”。小碗釉色清亮，绘画精细，淡雅宜人，成色稳定，是清中叶民窑生产的上乘作品。

青花巫术图纹碗

清
高 6.8、口径 12.8、足径 6.3 厘米
托克托县征集

施白釉。外壁青花绘制图案奇特，有象棋子：车、马、炮、将、士、兵，有“三军司命”令箭，有“状元及第、自西自东”副旗。正中是供桌，供桌围幔写三行字“弓生此弓人，弓人此弓土，弓土此弓才”，还有不规则的图案上写：“月光明正，白日于山尽”等字句。圈足内中心落青花四字款，不识。

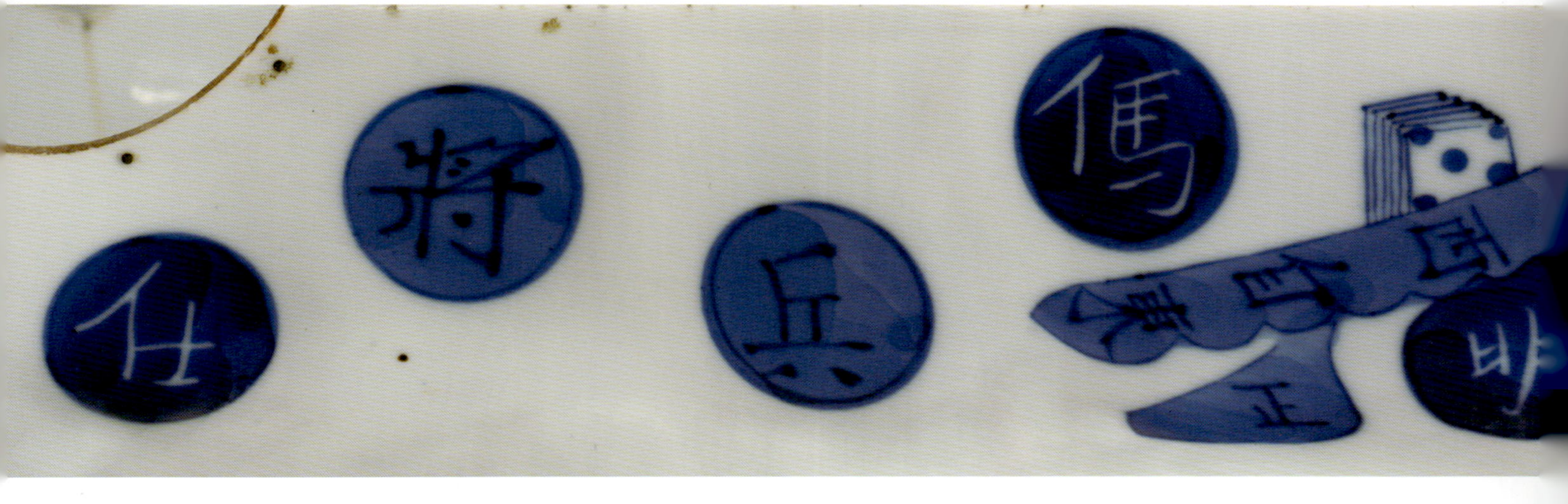

正

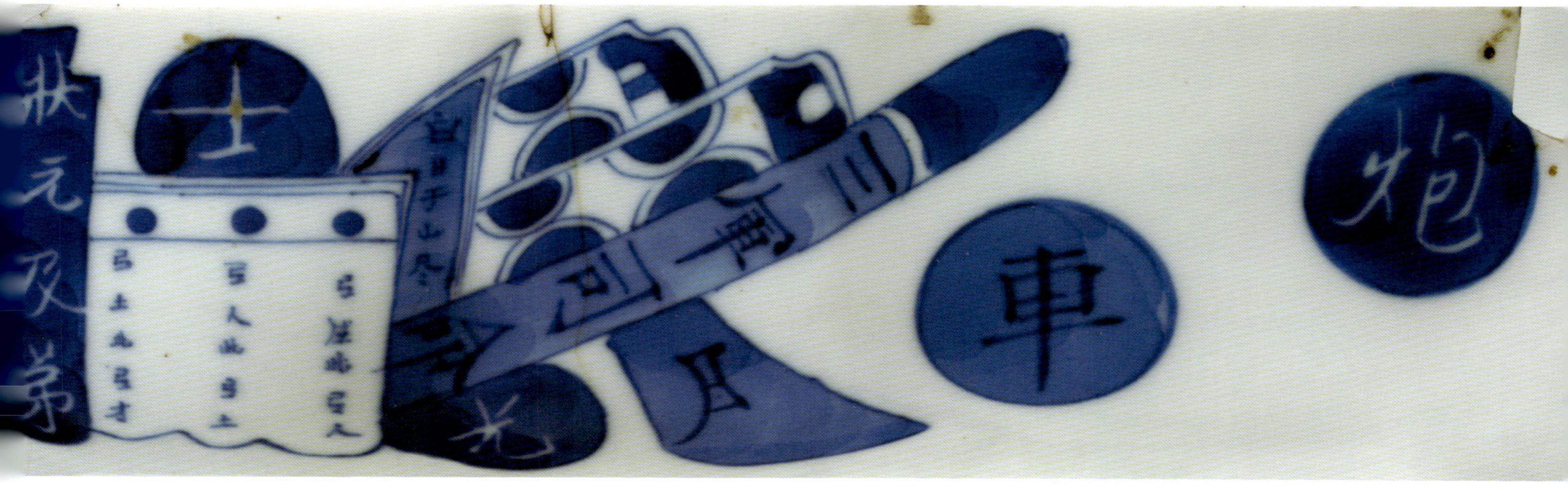
状元及第
士
車

赤壁赋杯

清
高 6.5、口径 8.2、足径 4.2 厘米
托克托县征集

敞口，深斜腹，高圈足。薄胎，白釉，小巧玲珑，制作十分规整。此杯虽小，却在杯上用青花料书写 360 个字，内容是宋朝大文人苏轼的《后赤壁赋》。杯底落规整的青花款“瀨荣制造”四字，外加双边方框。

瀨榮製造

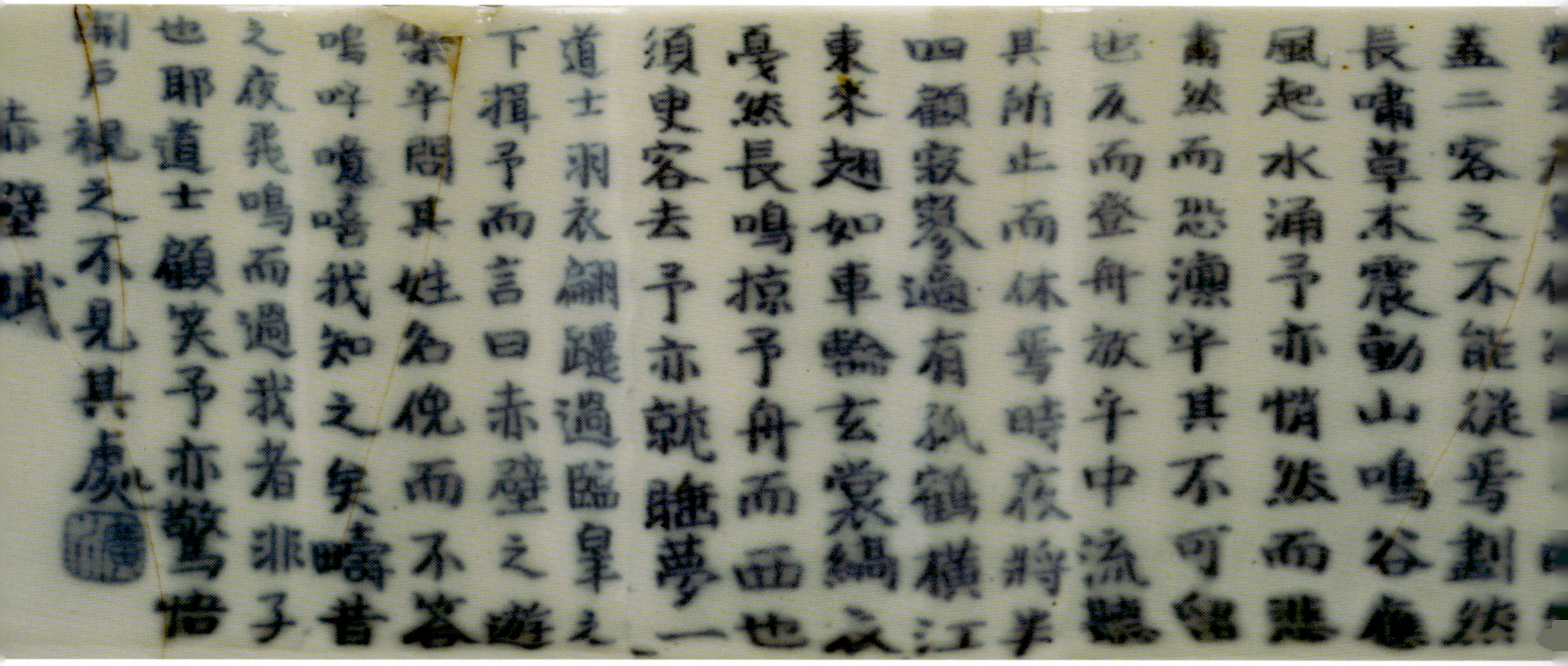
蓋二客之不能從焉劃然
長嘯草木震動山鳴谷應
風起水涌予亦悄然而悲
肅然而恐凜乎其不可留
也反而登舟放乎中流聽
其所止而休焉時夜將半
四顧寂寥適有孤鶴橫江
東來翅如車輪玄裳縞衣
戛然長鳴掠予舟而西也
須臾客去予亦就睡夢一
道士羽衣蹁躚過臨皋之
下揖予而言曰赤壁之遊
樂乎問其姓名俛而不答
嗚呼噫嘻我知之矣疇昔
之夜飛鳴而過我者非子
也耶道士顧笑予亦驚悟
開戶視之不見其處
赤壁賦

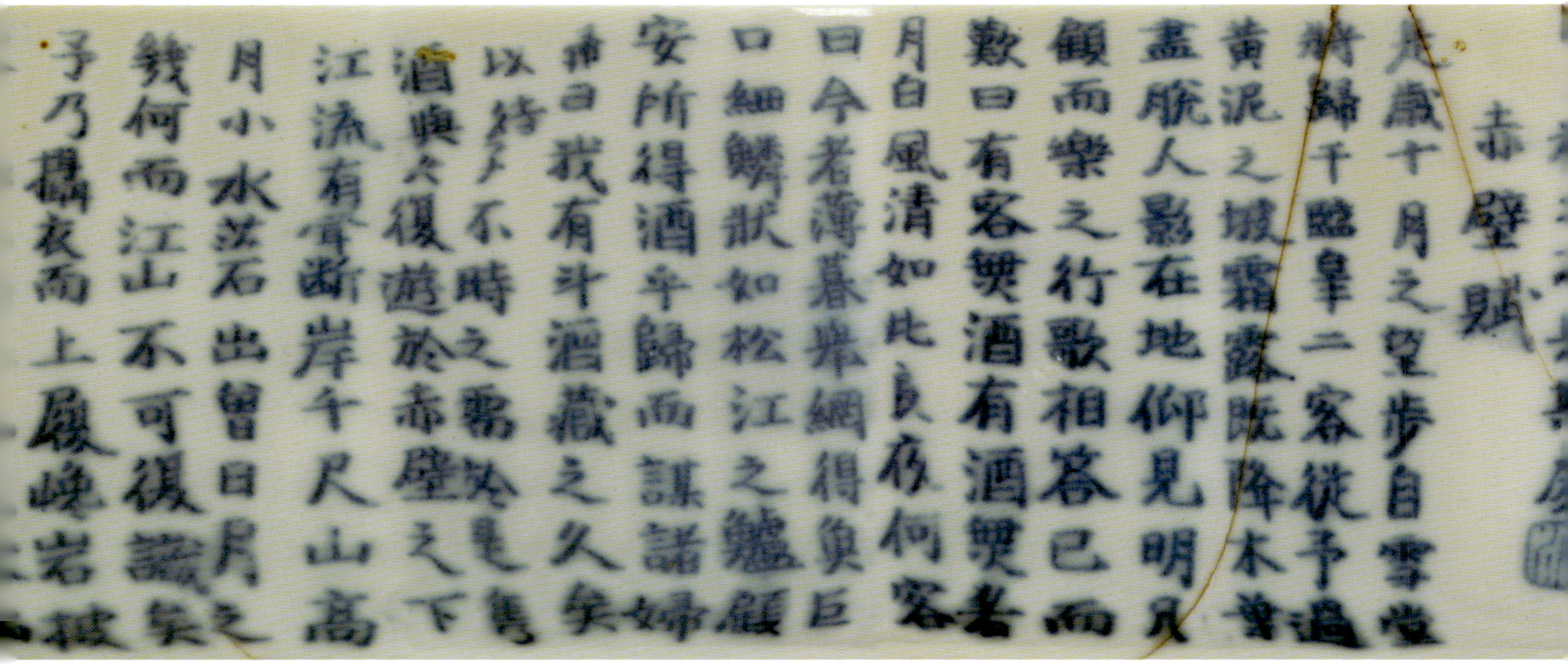
赤壁賦
是歲十月之望步自雪堂
將歸于臨皋二客從予過
黄泥之坂霜露既降木葉
盡脫人影在地仰見明月
顧而樂之行歌相答已而
歎曰有客無酒有酒無肴
月白風清如此良夜何客
曰今者薄暮舉網得魚巨
口細鱗狀如松江之鱸顧
安所得酒乎歸而謀諸婦
婦曰我有斗酒藏之久矣
以待子不時之需於是攜
酒與魚復遊於赤壁之下
江流有聲斷岸千尺山高
月小水落石出曾日月之
幾何而江山不可復識矣
予乃攝衣而上履巉岩披

顧而樂之行歌相荅已
歎曰有客無酒有酒無
月白風清如此良夜何
曰今者薄暮舉網得魚
口細鱗狀如松江之鱸
安所得酒乎歸而謀諸
婦曰我有斗酒藏之久
以待子不時之需於是
酒與魚復遊於赤壁之
江流有聲斷岸千尺山
月小水落石出曾日月
幾何而江山不可復識

五彩四喜盘

清
高 3.5、直径 24.7、底径 15.5 厘米
托克托县征集

盘内以五彩绘制福、禄、寿、喜图。盘内底心为佛手、桃、石榴组成的图案，表示多福、多寿、多子。外接一周花卉草叶纹，一周为四个对称的红双喜字，间隔饰四组佛手瓜花叶纹。口沿处对称绘四只红色蝙蝠，蝠与福同音。盘底落青花篆书款“大清道光年制”。

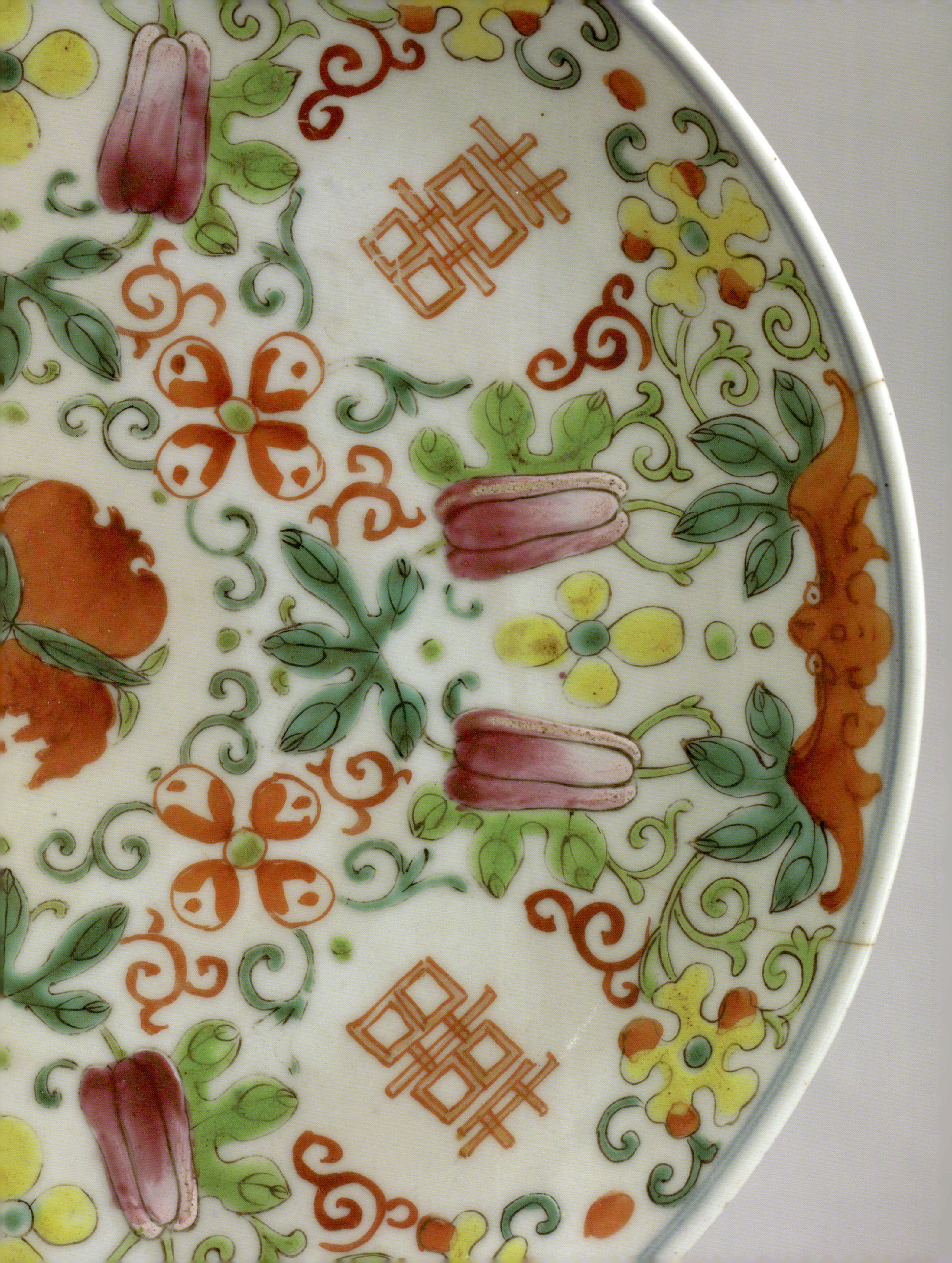

粉彩花卉小碗

清
高 5、口径 12.7、足径 5.3 厘米
托克托县征集

三件。施白釉，外壁绘梅花、牡丹花、荷花、菊花四组花卉，口沿及圈足各绘弦纹两周。圈足内中心落减笔字青花款“大清嘉庆年制”。

粉彩折腰花口碗

清
高 6.5、口径 17.2、足径 6.3 厘米
托克托县征集

花式口，上半部至腰部外敞，下腹圆圜，圈足。碗内绘有佛手瓜花卉图案；外壁绘大白菜，菜叶以深绿和草绿两种颜色分出层次感，白菜下半部描金，每个菜心部位绘蝴蝶、蚂蚱等昆虫。圈足绘一周绿色带及一周金色弦纹。圈足内中心落红字篆书款：“大清道光年制”。

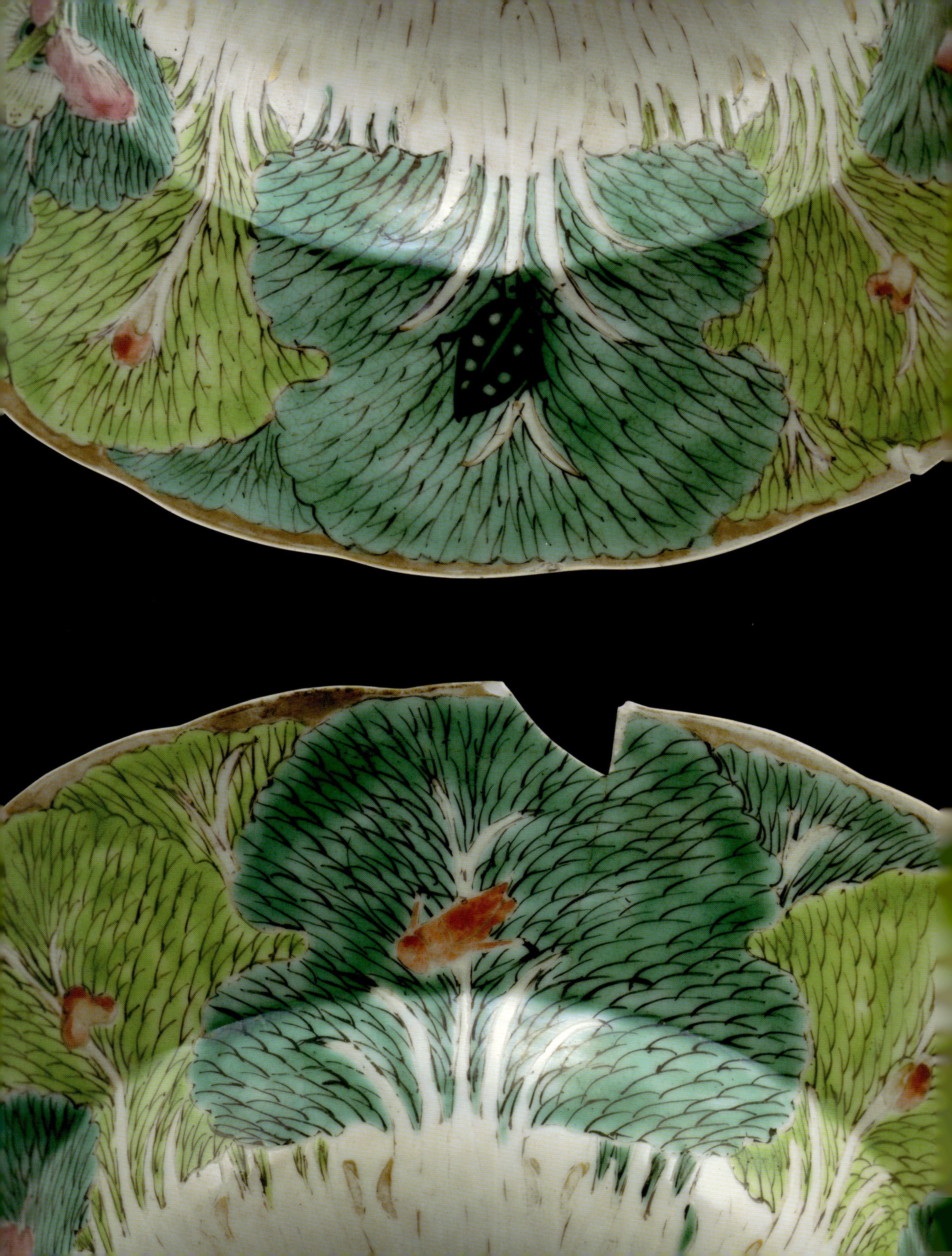

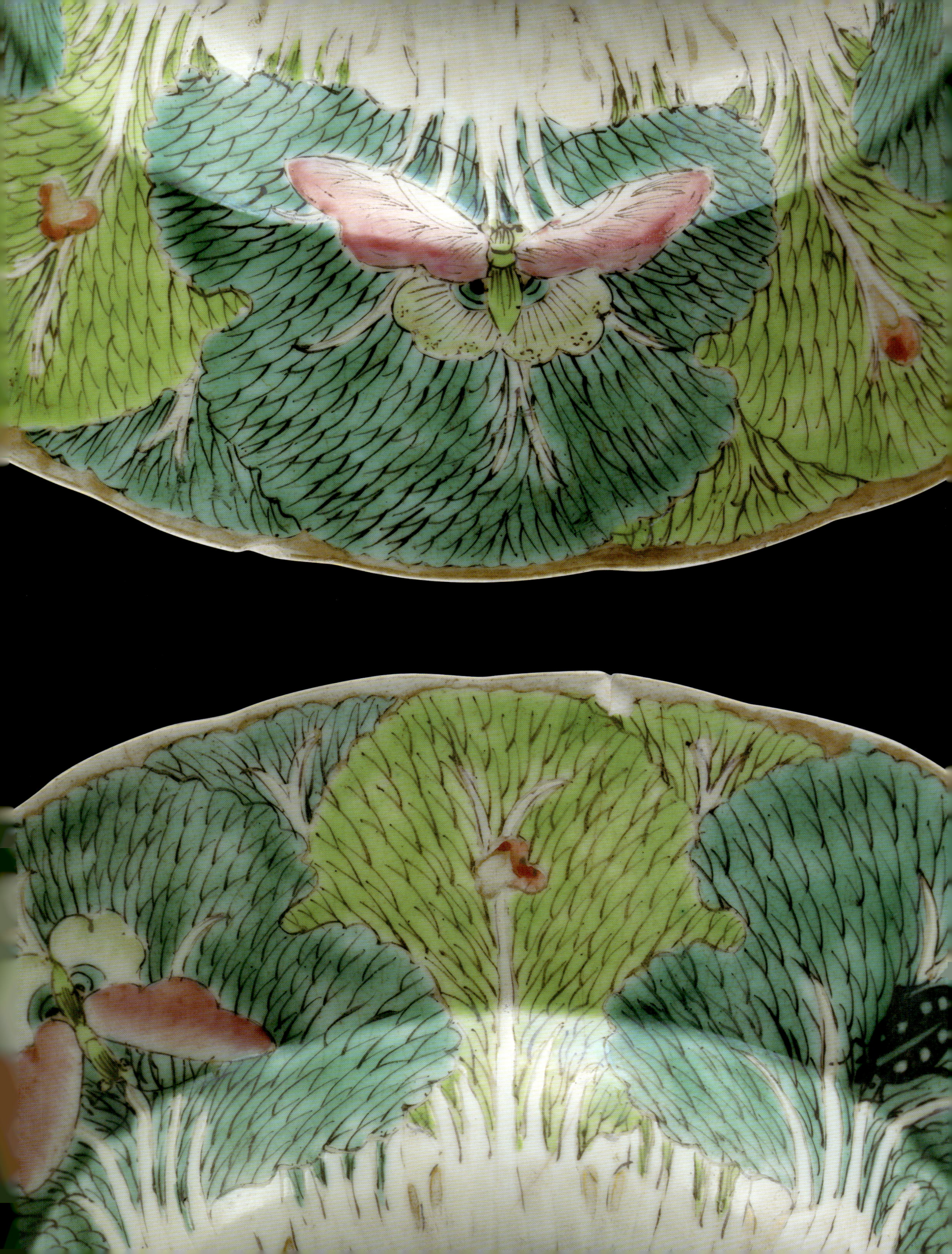

粉彩高足碗

清
高 10、口径 13.6、足径 7.3、足高 4.5 厘米
托克托县征集

敞口，高圈足。豆青釉，碗外壁绘四组粉彩图案，其中有书卷、熏炉、花瓶等博古图案。碗足呈喇叭状，绘制一圈蕉叶纹。

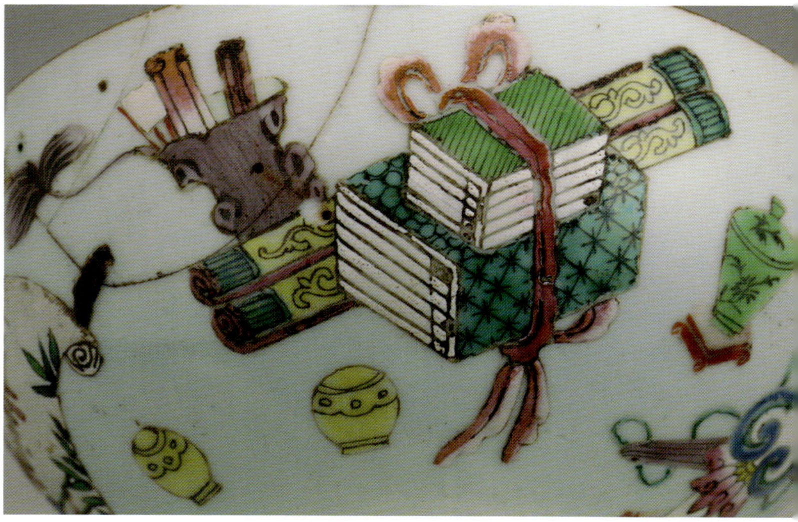

豆青釉荷叶杯

清

高7.5、最大口径11.3厘米

托克托县新营子镇大燕山营村出土

敞口，收腹至底部。豆青色，釉面温润，胎体洁白，质地坚实。杯的造型为一片出水荷叶上卷，叶筋直通杯底，形成三珠足。杯中立一老翁，高度与酒杯口沿齐平，头顶荷叶，身披深蓝色长袍，右手放置前胸。面部表情严肃，坦荡自然，双目正视前方。老翁体内有一倒置U形管道，顶端与老翁右手齐平，管道入口在老翁左脚下，出口在杯外底部。斟酒时，酒平面决不能超过老翁右手，否则，杯中酒会从杯外底部小孔流出，直至流完为止。所以，此杯叫“凭心杯”，也称“公道杯”，杯中老翁称“公道老”。

当票印版

清
长 16.6、宽 10.4、厚 2.2 厘米
托克托县双河镇河口村征集

木板雕刻。印版顶端横排雕刻“聚川义”三字，应是当铺字号；下面六行字从左向右竖行排列。从第六行内容得知此印版是清道光年间遗物。印版背面也有雕刻痕迹，仔细辨认，亦是当票印版，最后一行为“嘉庆”二字。该印版原是嘉庆年间的当票印版，因使用年久，磨损过甚，字迹不清，不能再使用，在背面重新雕刻印版时已进入道光年间。因此，该印版应是经历清朝嘉庆、道光两帝，使用五十余年，距今已有两百年左右的时间。

银錾花镶宝头饰

清
总长 70 厘米
前帘长 14、宽 16 厘米
后帘长 18、宽 15 厘米
内蒙古自治区鄂尔多斯市准格尔旗征集

银錾花镶嵌珊瑚、绿松石，珠帘、垂面、耳饰一应俱全，制作工艺精湛，是内蒙古西部地区流行的蒙古族妇女头饰。

铸铁蟠龙旗杆

清

高 3 丈 6 尺 5 寸，约合 12 米

托克托县双河镇河口村

旗杆夹石的铁帽上铸琴棋书画、暗八洞等图案。旗杆下端的最粗部位铸对联一副：“海晏河清威灵著绩，风调雨顺亿兆蒙休。”对联上端各有六角斗方一个，斗方上各铸唐诗五言绝句一首，每首诗真、草、隶、篆四种书体各一句。东侧是王维的《竹里馆》：“独坐幽篁里，弹琴复长啸。深林人不知，明月来相照。”西侧为王之涣的《登鹳雀楼》：“白日依山近（尽），黄河入海流。欲穷千里目，更上一层楼。”每根旗杆中间部位铸巨龙一条，张牙舞爪，腾云驾雾，活灵活现，栩栩如生。巨龙上方各铸玲珑斗一个，玲珑斗每面铸镂空雕龙两条，四面共有八条龙，加上巨龙，每根旗杆共铸九条龙。旗杆顶端各挂四个风铃，每当轻风吹过，便响起了悦耳的铃声。两根旗杆分别铸有铭文，从铭文得知，旗杆铸于清同治元年（公元 1862 年）。“旗杆”，只是当地人习惯的称谓，应称作“幡杆”。

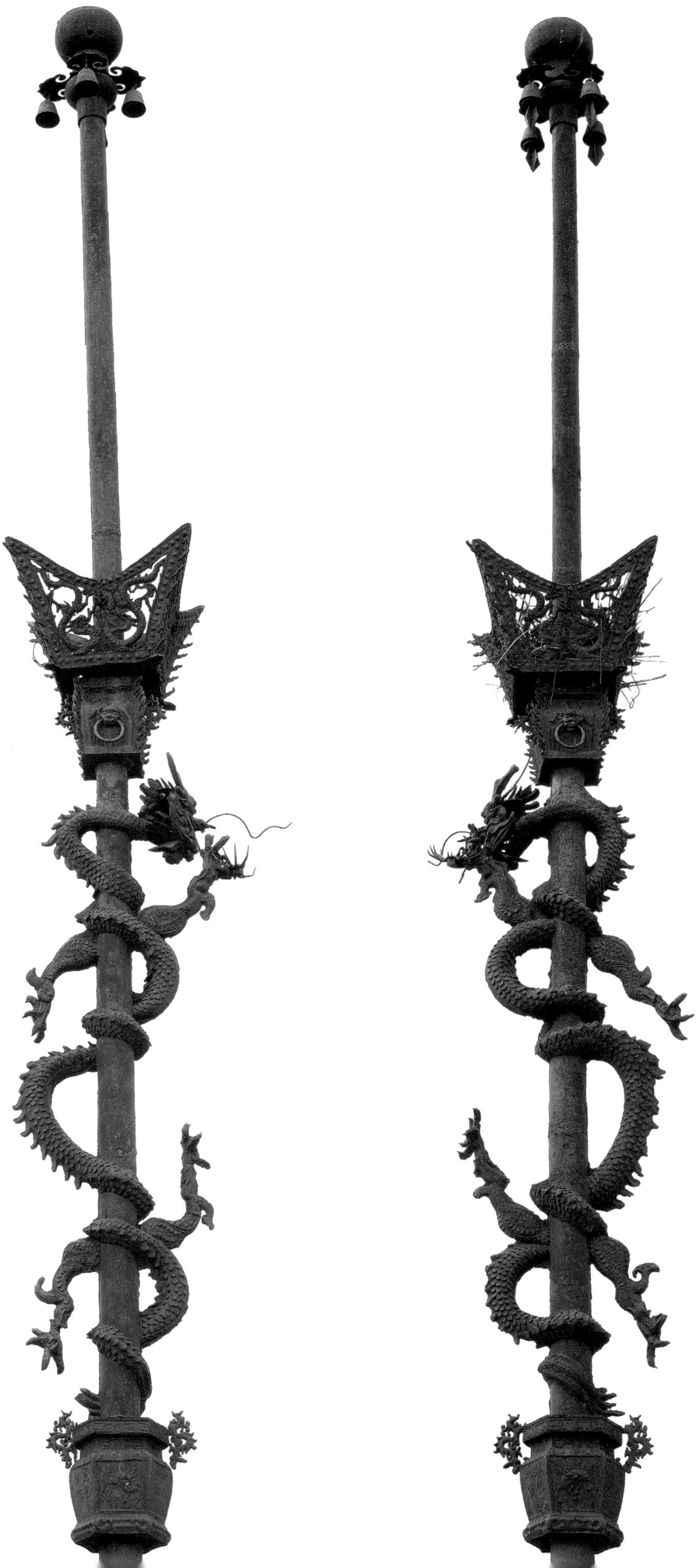

后记

《云中典藏：托克托博物馆馆藏文物精华》图录，是由内蒙古自治区文物考古研究所、内蒙古博物院、托克托博物馆共同组织编撰。体例依照时代序列进行排列，分为新石器时代，春秋战国时期，两汉时期，十六国北魏时期，隋唐时期，辽、西夏、金、元时期，明清时期等七个大的历史时段。内容包括托克托县境内考古发掘出土、调查采集和征集到的石器、陶器、骨角器、青铜器、瓷器、印章、碑碣等珍贵文物共计124件/组。这些文物是托克托地区悠久历史和丰厚文化底蕴的见证，也是中国北部边疆地区黄河文明形成与发展的缩影。

本图录中的精品文物，除汉代日晷、北魏“大代太和八年”释迦牟尼鎏金铜佛像分别藏于中国国家博物馆和内蒙古博物院外，其余全部收藏于托克托博物馆，读者、观众也可在基本陈列中得以参观。

图录的具体框架由陈永志确定。石磊、刘燕对托克托博物馆馆藏精品文物进行了整理、测量，并做了撰写文物描述等大量基础工作。石磊、程鹏飞撰写了托克托博物馆馆藏文物概述。程鹏飞做了后期统稿工作。文稿完成后，陈永志对文稿进行全面审定，并撰写了前言。

在本图录即将付梓之际，要衷心感谢在托克托这块丰厚的土地上，付出艰苦努力、洒下辛劳汗水的几代文物工作者，尤其要感谢和缅怀托克托博物馆的奠基人、藏品捐献者石俊贵先生！衷心感谢托克托县党委、县政府对本书的编写给予的大力支持与帮助！

限于编者水平，本图录的编撰工作难免存在不足与错讹之处，敬请各界读者批评指正！

编 者

2020年11月20日